사회적 이슈가 당신의 업무다

신선웅

SOCIAL ISSUES

ARE YOUR WORK

박영story

머리말

얼마 전 국가직 9급 공무원 공채 경쟁률이 5년 전과 비교해 반토막이 났다는 기사를 접했다. 그러나 지방직 9급 공무원 공채 경쟁률은 같은 기간 내내 비슷한 수치를 유지하고 있어 자신이 사는 지역에서 근무할 수 있는 장점을 가진 지방직 공무원의 인기는 아직 시들지 않고 있음을 알 수 있다.

지방공무원 행정직군은 사회복지, 세무, 전산, 교육행정, 행정, 사서, 속기, 방호 등 8개 직렬로 구성되는데, 이 중 사회복지 직렬은 「사회복지사업법」 제11조에 따른 사회복지사의 자격을 가진 사람으로 「사회보장급여의 이용·제공 및 수급권자 발굴에 관한 법률」 제43조에 근거하여 사회복지에 관한 전문적 업무를 담당하게 된다.

사회복지에 관한 전문적 업무라고 하면, 사회복지에 대한 종합적인 정보 제공과 상담, 안내부터 시작하여 사회복지 서비스 제공을 위한 계획 수립까지 다양한 업무를 수행하게 되는데, 과거 한 조사에 따르면 사회복지 공무원이 가장 기피(忌避)하는 업무로 '업무보고'를 꼽고 있어 보고서 작성에 어려움이 있음을 짐작할 수 있다.

특히 첫 임용을 받았거나 저 연차 공무원일수록 이런 고충은 더할 수밖에 없는데, 실례로 이제 막 발령을 받은 신입 공무원은 발령을 기다리며 서점에서 보고서 작성에 도움이 될 만한 책을 찾아봤지만, 사회복지 공무원을 위한 보고서 작성 관련 책은 구할 수 없었다는 고충을 털어놓기도 하였다.

이와 같은 현상은 지금까지 사회복지 공무원의 주력 업무가 사회적 약자를 위한 행정에 특화되어있었기 때문이라고 할 수 있다.

그러나 2022년 전부개정 된 「지방자치법」의 지방자치단체의 사무 범위로 '주민의 복지증진'을 명시적으로 밝히고 있는 점을 비추어 보았을 때, 현대의 지방자치 사무의 범위 및 행정에서는 복지가 아닌 게 없을 만큼 사회복지 업무 영역은 광범위하게 발전하고 있다고 보아도 무방할 것이다.

따라서 사회복지 공무원의 업무 영역의 확대는 피할 수 없는 변화이며 이에 적응하기 위해서는 보고서 작성 역량의 향상으로 앞날을 대비하여야 할 필요가 있다.

이 책은 장기적으로 이러한 환경변화에 적응하여 사회복지 공무원의 역량 강화를 기대하고자 사회복지 공무원의 사업계획 또는 업무추진 등과 같은 일련의 보고서 작성 방법을 저자의 경험에 비추어 정리하였으며, 각별히 사회복지 공무원으로 첫 임용을 목전에 두고 있는 사회복지 공무원 후배들에게 첫 발령지에서의 어려움에 작으나

마 유의미한 도움이 되길 바라는 마음에서 사례를 많이 소개하고자 노력하였다.

다만, 한 가지 염려스러운 마음이 드는 건, 보고서의 작성 방법은 중앙부처나 지방자치단체별로 또는 각각의 부서나 결재권자의 성향과 업무별로 그 특색이 있음은 당연한 일이다. 마치 어느 것은 맞고 어떤 것은 틀린 것이 아니므로 독자들은 미혹(迷惑)되지 않는 현명함을 가질 필요가 있다.

이 책을 관통하는 핵심은 첫째로 처음으로 임용된 사회복지 공무원의 순조로운 적응을 돕는 것이며, 둘째로는 현대사회 복지정책과 행정의 범위 확장에 발맞추어 사회복지 공무원도 보고서 작성에 능통하여 더 많은 주민복지 향상을 위한 정책과 행정에 이바지하는 것이라고 할 수 있다.

2024년 6월

신선웅

차례

Chapter 01

미디어 벼락치기로 배경지식 쌓기

Chapter 02

커피 한 잔에 타이밍을 알 수 있다

Chapter 03

실전은 선택의 문제

Chapter 04

"그냥 파일을 보내줄래?"를 피하는 방법

Chapter 05

목적에 따른 보고서 유형(예)

미디어 벼락치기로 배경지식 쌓기

CHAPTER 01

드디어 임용되어 첫 발령지로 간다고?

그럼 미디어 벼락치기로

발령지에 관한 배경지식 정도는 쌓고 가자

발령지에 관한 배경지식이나 사건 사고의 인과관계들은

당신이 도착하는 발령지에 관한

더 깊은 이해와 통찰력을 가져다줄 수 있다

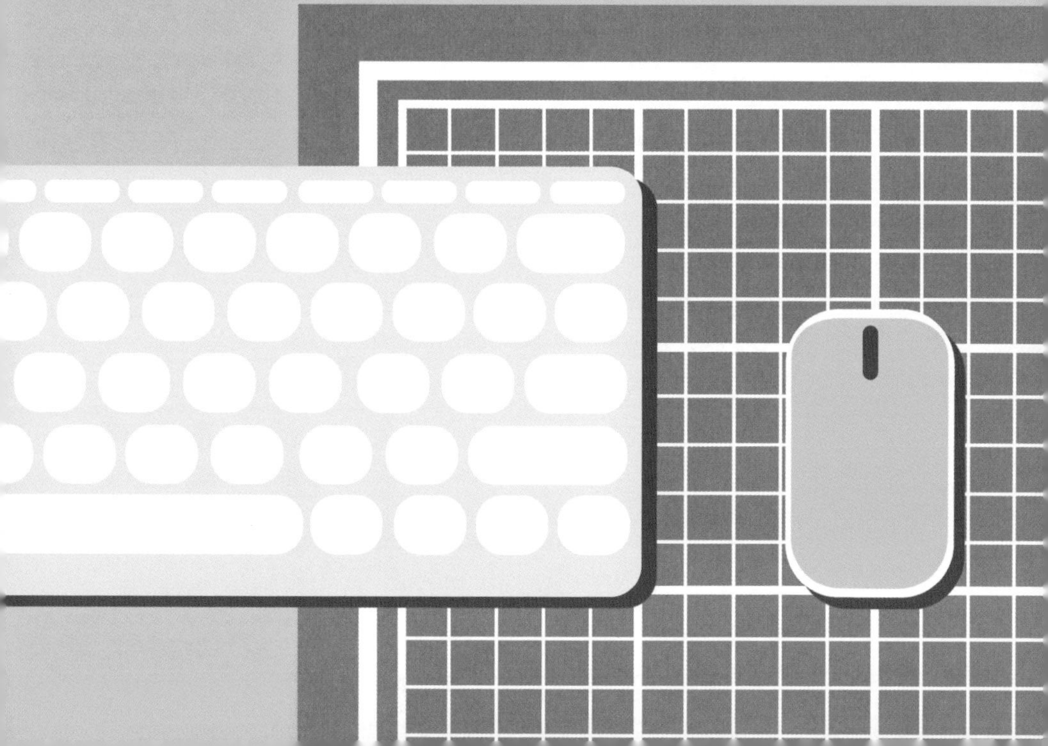

1.1
일단 TV를 켜라

지금 이 책을 읽고 있는 당신은 공무원이 되기 위해 텔레비전을 멀리하고 수도승처럼 좁은 방과 책상 앞에서 공부하기를 수개월 보냈을 것이다. 그러나 지금은 공무원이 되기 위한 최종 관문을 통과하였으며 이제 곧 임용되어 첫 발령지로 갈 일을 앞두고 있음을 이 페이지에 머무르고 있는 당신의 시선을 통해 충분히 짐작할 수 있다.

일단 이 책을 집어 들고 페이지를 열었다는 것은 공무원이 되어 보고서를 쓰게 될 일에 대한 막연한 두려움이 가장 큰 영향을 주었을 것이다. 혹시나 첫 발령지에서 우왕좌왕하다 상사로부터 꾸지람을 듣고 눈물 바람으로 퇴근길에 오르지 않을까 하는 걱정들 말이다.

아쉽지만 그런 걱정은 안 해도 된다. 일단 실전에 투입되면 걱정할 시간이 없을 뿐만 아니라 울먹이는 일도 쉬는 시간이 있어야 가능한 일이기 때문이다.

차라리 그런 걱정을 할 시간에 지금 당장 TV를 켜라.

이제부터 TV는 훌륭한 지식의 전당이 될 것이다. 왜냐하면 TV만큼 폭넓고 다양하게 사회문제를 다루는 매체가 없기 때문이다. 첫 발령을 앞둔 신입 공무원에게는 사회현상과 사회문제에 관한 오리엔테이션의 장場이 될 것이며 이미 임용되어 사회복지 현장에 있는 공무원에게는 현재와 미래를 가늠하고 대비하며 더 나아가서는 사회적 메시지의 인식과 해결의 중요한 실마리를 제공해 줄 수 있기 때문이다.

지금부터 TV 시청은 일의 연장이라고 생각해도 좋다. 수험생활 때 가졌던 TV 시청의 죄책감은 멀리 던져 버려라. 혹시라도 지나친 TV 시청에 엄마의 잔소리가 휘몰아친다면 이제 당당히 말해라.

"어머니! 지금 저는 사회복지 정책보고서 작성을 위한 배경지식을 쌓는 중입니다."

TV를 켜라는 것은, 현재 우리 사회가 직면하고 있는 다양하고 지속적인 사회문제를 인식하고 때론 시급한 해결이 필요한 사회적 이슈를 들여다보라는 것이다.

TV가 사회문제를 언급하는 방식은 뉴스 또는 시사·교양 프로그램, 다큐멘터리와 드라마, 연예 · 오락프로그램 등 그 종류와 형태가 다양하다고 할 수 있는데, 통상 뉴스, 시사 · 교양 프로그램, 다큐멘터리 등은 그 주제와 메시지를 직설적이고 직접적으로 표현하고 전달하는 것과 달리 드라마, 연예 · 오락프로그램 등은 에둘러 표현하며 해석이 필요한 복선과 메시지를 넌지시 던진다고 할 수 있다.

최근 배우 임원희는 SBS 예능 프로그램 '미운우리새끼'를 통해 자신이 보건복지부 고독사 예방 캠페인의 모델(5060 신중년을 대표하는 '최고립' 역할)이 되었다는 사실을 밝히면서 비슷한 나이대의 출연자들에게 웃음을 유발하며 홀몸노인뿐만 아니라 홀로 사는 중장년층 남성의 고독사라는 사회문제에 대해 사뭇 진지한 대화를 이어가는 장면을 연출한 바 있다.

한편 있는 그대로 메시지를 전하는 뉴스를 보면, 지난 2024년 1월 TV 뉴스에서는 올해 기초생활보장 수급자가 받는 생계급여가 4인 가구 기준으로 지난해보다 최대 21만 3천 원 더 늘어난다고 밝히며 생계급여 지원의 기준을 기준 중위소득 30%에서 32%로 확대한다고 보도하였다.

이와 같은 TV 뉴스나 예능 프로그램 등에서 전달되는 사회문제와 관련된 직간접적인 정보는 마치 방송전파와 같이 무의식적으로 흘려보낼 수도 있는 문제이나, 지금 첫 발령을 기다리는 예비 사회복지 공무원이라고 한다면, 엄격히 말해서 앞으로 해야 할 업무의 주요 배경지식이라고 할 수 있다. 왜냐하면 사회복지정책과 행정은 인간의 사회적 욕구를 충족시킴으로써 사회문제를 해결하는 기능도 가지고 있기 때문이다.

따라서 TV를 통해 사회문제를 인식한 후 그것에 대한 어느 정도의 탐구가 필요하다고 할 수 있는데, 앞서 언급한 고독사 또는 생계급여와 같은 탐구를 위한 첫 스텝으로는 보건복지부와 같이 관련 업무를 취급하는 중앙부처 홈페이지 등을 방문해보는 게 좋다.

가령 보건복지부 홈페이지의 보도자료 코너에는 2024년 1월 3일

보건복지부 '기초생활보장과'에서 배포한 '생계급여 1월부터 최대 4인 가구 21만 3천 원 오른다.'라는 보도자료가 게시되어 있으며, 2024년 1월 23일에는 보건복지부 '지역복지과'에서 홈페이지 연구·조사·발간자료에 '2022년 고독사 예방 실태조사 연구 보고서'를 게시하고 있음을 찾아볼 수 있다.

TV에서 다양한 포맷으로 접하게 되는 사회문제와 관련한 정보를 무심히 흘려보내지 말고 지금부터라도 확인하고 찾아본다면 더 상세한 배경지식을 완벽하게 내 것으로 만들 수 있을 것이다.

보고서를 작성하라는 업무 지시를 받은 후에 관련 데이터를 찾아 모으는 일은 긴박하게 진행되는 보고체계에서 이미 한참 뒤떨어진 출발이라고 할 수 있으며, 보고서를 기다리는 검토자와 결재권자는 담당자의 공부 시간을 기다려 주지 않는다는 것을 알아야 한다.

보건복지부 - 보도자료 화면

보건복지부 – 연구조사 화면

다음 편에서 구체적으로 설명하겠지만, 보고서의 스케치나 메모까지 고려해 본다면 위와 같은 원천 자료를 찾거나 확인했다면 그 자료의 좌표를 즐겨찾기 하거나 별도 보고서 자료 폴더를 만들어 내려받기하여 필요할 때 적재적소에 유용하게 활용하는 것을 추천하고 싶다.

사회문제는 사회 제도나 사회구조의 결함이나 모순으로 발생하는 문제라고 할 수 있는데, 저출산·고령화, 아동, 청소년, 청·장년 실업, 복지 사각지대, 돌봄, 주거 문제 등 헤아릴 수 없을 만큼 그 유형은 다양하며 더 나아가서는 빈곤 또는 불평등과 같은 거대 담론巨大談論의 주제로 표출되기도 한다.

이 같은 사회문제는 과거부터 현재까지 우리 사회를 둘러싸고 있었으며 시대와 환경에 따라 그 주제를 달리하면서 끊임없이 우리에게 숙제를 던지고 그 대안과 해결을 모색하게 하였다.

TV를 통해 사회문제에 접근하는 일은 직무와 관련한 사회문제에 대한 배경지식을 쌓는 일이다. 물론 대중매체 중 TV는 보수적인 시각으로 사회문제를 공론화하는 모습을 보여준다는 면에서 급격한 변화와 다변화된 현대의 사회에 발맞춰 급진적인 의견이나 소수 의견 등을 파악하기는 어려운 면이 있는 것도 사실이다.

그러나 프로그램의 다양성을 좇아가는 노력과 정성을 들인다면 사회복지 공무원에게 당장 필요한 사회문제의 배경지식을 쌓는 일에는 큰 결함이 되지는 않을 것이다.

지금까지도 그랬지만 앞으로도 사회복지의 정책과 행정은 사회모순과 결함을 충실하면서도 꾸준하게 메꿔갈 것이다. 이와 같은 일련의 과정에서 보고서는 가장 훌륭한 쓰임새 있는 도구로 활용될 것이다. 즉 정책의 수립, 실행과 집행의 행정을 위한 일의 절차와 방법, 전략 등을 정책 목표에 가장 쉽고 빠르게 접근시키는 일을 할 수 있도록 만들 수 있는 것이 바로 보고서이기 때문이다.

결국 사회복지 공무원의 보고서는 궁극적으로 주민복지 향상에 공헌하는 도구라고 할 수 있다.

1.1.1 배경지식은 스케치(sketch)를 그리는 일이다

배경지식을 국립국어원 표준국어대사전을 빌려 정의해 보자면, "어떤 일을 하거나 연구할 때, 이미 머릿속에 들어있거나 기본적으로 필요한 지식"이라고 할 수 있다.

전술한 바와 같이 배경지식을 쌓기 위해서는 일단 TV를 켜고 사회문제를 파악한 후 그 원천 자료를 찾아보는 일을 당부하였다. 복지와 관련한 폭넓은 배경지식을 위해서는 노인, 보육, 아동, 장애인, 기초생활보장, 자활 등 그 영역을 가리지 않고 정보에 접근하는 수고로움을 자처해야 할 것이다.

임용된 후 첫 발령지로 근무하게 될 근무지가 어떤 부서일지는 아무도 모른다. 만약 본청(시·군·구청 등)으로 발령받게 된다면 복지정책부서나 복지행정부서, 노인복지부서, 장애인복지부서, 여성 또는 아동복지부서, 보육부서 등에 배치될 수 있으며, 읍면동 주민센터로 배치받는다면 복지팀 아래 복지와 관련된 모든 분야의 민원 사무를 두루 경험하게 될 것이다.

물론 사회복지 공무원은 사회복지사 자격증을 가진 전문직 공무원으로 사회적 약자를 위한 행정을 주력 업무로 전담하게 된다는 점에서 사회적 취약계층과 관련된 모든 분야에 관심을 두고 역량을 키워야 할 것이다. 특히 사회복지 현안이 될 만한 사회문제에 관련한 배경지식을 적극적으로 탐구하고 관련 정보를 쌓을 필요가 있다.

결국 어디가 첫 발령지가 되더라도 사회복지 공무원은 전문직으로써 종합적인 사고와 판단이 요구되는 상황은 마찬가지라고 할 수 있다.

가령 복지서비스를 신청한 세대가 4인 가구라고 가정한다면, 가구주 부부夫婦는 노인이며 두 명의 자녀는 각각 여성과 장애인인 경우가 있을 것이다. 노인이나 장애인, 여성과 같은 각 한 분야만의 배경지식을 가지고선 문제해결을 위한 종합적인 사고와 판단을 내리기가 쉽지 않을 것이다.

부족하거나 접근성이 미흡한 정보만으로도 최대의 효과를 내기 위해서는 배경지식이 쌓이고 정돈되어 빙하처럼 단단하게 굳어야 할 것이다. 그래야만 당면한 문제에 대한 빠른 이해력과 높은 문제 해결력을 기대할 수 있을 것이다.

즉 배경지식이 넓고 깊을수록 작성된 보고서의 쓰임새 또한 확장되는데, 이는 보고서 작성자가 가지고 있는 배경지식의 양과 깊이만큼 문제를 해결하는 통찰력이 고도화되어 그 수준이 보고서에 투영되기 때문이다. 물론 배경지식을 산처럼 쌓아놓고 있다고 하더라도 처음부터 쓰임새 좋은 보고서를 작성하기란 쉬운 일이 아니다.

결국엔 부단한 연습과 노력인데, 이를 위한 첫 출발은 기본적인 뼈대와 가장 중요한 요점을 간단하고 빠르게 '브레인 스케치brain sketch'하여 그려보는 일이라고 할 수 있다.

스케치는 사물이나 모양 또는 생각 등을 개략적으로 빠르게 그린 것이라고 할 수 있는데, 완전하지 않은 미완성된 것이라고 해도 전혀 문제가 되지 않는다. 스케치는 원래 미완성을 전제로 하기 때문이다. 쉽게 말해서, 본 검토 또는 본 작품 이전에 아이디어를 수집하기 위한 사전 작업 정도로 설명할 수 있을 것인데, '브레인 스케치brain sketch'는 이런 과정을 머릿속으로 빠르게 그려보는 것이라고 할 수 있다.

이와 같은 설명을 고려한다면 '브레인 스케치brain sketch'는 메모memo/message하는 일과도 동일선상에 놓고 봐도 무방할 것이다. 가령 이탈리아 대표 화가인 레오나르도 다빈치는 우리가 알고 있는 명작의 탄생 이면에 평생에 걸쳐 자신의 아이디어를 수백 장의 스케치로 남겼다고 전해지며, 미국의 발명가 토머스 에디슨 역시 발명왕 타이틀 이전에 수백 장의 아이디어 메모가 후일담으로 전해지고 있음을 고려해 보면, 첫 발령을 앞둔 예비 공무원이나 지금 한창 필드에서 고군분투孤軍奮鬪 중인 사회복지 공무원 역시 지금부터 해나갈 일상의 사회문제 접촉과 저장 그리고 핵심 내용의 '브레인 스케치brain sketch'는 훗날에 자신이 담당할 업무의 보고서를 더욱더 탄탄하게 만드는 디딤돌이 될 것이다.

따라서 배경지식은 스케치를 그리는 일이라고 할 수 있다. 특히 '브레인 스케치'는 TV를 통해 사회문제를 인식하고 어떤 메모나 공식적인 기록과 같은 별도의 행위를 하지 않더라도 최근의 사회복지 정보를 쉽고 빠르게 머릿속으로 스케치함으로써 더 빠르게 정보를 습득하고 보고서 작성을 위한 높은 이해력과 문제해결 역량을 키울 수 있는 계기를 마련하게 해줄 것이다.

1.1.2 사회적 이슈가 곧 당신의 업무다

사전적으로 보자면 이슈issue는 '주제나 안건 또는 쟁점' 등으로 해석될 수 있다. 여기에 '사회적social'이라는 말이 전제되었으니, 사회적 이슈는 사회에 관계되거나 사회성을 지닌 것으로 추론해 볼 수 있을 것이다.

이를 근거로 구체적으로 정의해 보자면, 사회적 이슈는 '대중의 주목을 받는 사회적 주제 또는 쟁점'으로 '그 영향이 모든 주민에게 미칠 정도가 되어야 함'을 전제한다고 볼 수 있다.

지난 2023년 국회입법조사처에서는 '올해의 이슈'로 '복지 사각지대 해소'를 사회 분야 최대 이슈로 꼽았던 적이 있다.

복지 사각지대라는 말이 본격적으로 대중에게 알려져 널리 쓰이기 시작한 시기는 2014년 2월부터라고 할 수 있다. 서울 송파구 단독주택 지하 1층에 살던 '세 모녀'가 생활고로 스스로 목숨을 끊은 사건이 TV 뉴스와 신문 등에 대서특필되면서 그 원인으로 '복지 사각지대'가 급부상하게 되었기 때문이다.

이후 빠르게 복지 사각지대 발굴이 지방자치단체 핵심 업무가 되었으며, 이런 계기로 현재에는 전기·수도·가스요금 등과 같은 공과금 체납정보와 채무·의료위기 등을 포함한 45종 위기 감지 지표를 활용하여 복지 사각지대에 놓인 위기 가구를 발굴하고 있다.

‘생활고’ 세 모녀 숨진 채 발견... 방값 · 공과금 남겨

(20○○.○.○. ○○○ 뉴스데스크)

이처럼 대중의 주목을 받는 사회문제는 사회적 이슈로 주목되고 각양각색의 전문가들로부터 문제해결 방안에 대한 의견이 경쟁적으로 쏟아지게 되는데, 이와 같은 사회적 의견들은 종국에는 공공행정 영역의 정책 이슈로 전환되어 지방자치단체의 인적·물적자원이 동원되어 대응하게 된다.

즉 사회적 이슈가 곧 당신의 업무가 된다고 할 수 있다. 특히 모든 국민의 삶에 영향을 미치는 사회적 이슈는 일회성에 그치지 않는다. 아래 TV 뉴스 제목은 앞서 보도한 사건이 일어난 지 정확히 10년 후 보도된 내용으로 그간 복지제도가 얼마나 더 나아졌는지를 추적 보도한 기사이다.

‘송파 세 모녀’ 10주기.. ‘복지 사각지대에 비극 반복 여전’

(20○○.○.○. ○○○)

결국 어떤 경로든 사회문제를 인식하고 사회적 메시지를 접하였다면 어느 시기와 어떤 방법인가의 문제일 뿐, 곧 ‘나의 업무가 된다’라고 생각하고 있어야 한다.

이와 같은 마음가짐으로 접근하면 앞서 언급한 TV 뉴스를 접했을 때, '복지 사각지대가 뭐야?', '복지 사각지대가 왜 발생하지?'라는 조금 더 진전된 '브레인 스케치brain sketch'를 할 수 있을 것이다.

만약 복지 사각지대가 1차와 2차로 구분되기도 한다는 것까지 스케치 되었다면 훗날에 당신의 보고서는 더욱 정교해질 준비를 마쳤다고 할 수 있다.

1.1.3. 미디어 리터러시를 가지고 배경지식을 쌓자

정보를 대량으로 제공하는 대중매체에는 TV뿐만 아니라 신문이나 라디오, 인터넷 등도 있다. 최근에는 유튜브YouTube 채널이나 쇼츠shorts 등을 통한 정보 습득도 많이 이루어지고 있음을 볼 수 있다.

다수의 정보 매체를 통한 풍부한 배경지식 습득은 객관적인 시각의 해석과 평가 그리고 여론의 움직임을 살핌과 동시에 본인의 생각을 뒷받침할 수 있는 훌륭한 보고서 재료가 될 수 있다.

그러나 만약 습득한 배경지식이 잘못된 사실관계이거나 편견과 오류가 포함된 경우, 또는 변경이나 수정 등으로 그 유효기간이 지난 것이라면 그 배경지식에서 산출된 보고서 역시 오류와 허점으로 가득하게 될 것이며, 이는 '4.3. 사족은 '썰'로 풀자'에서 언급하게 될 사족蛇足이 될 것이다. 즉 굳이 안 줘도 될 정보를 쓸데없이 제공하여 문제를 일으키게 된다는 말이다.

이런 보고서가 적절한 피드백 없이 이미 최종 결재권자를 통해 결재되었으며 결정된 정책이 이미 시민들에게 홍보되기 위한 시행이 목적이라면, 이런 낭패가 또 없을 것이다. 당장 상사의 꾸지람이 문제가 아니라 지역사회와 주민들에게 어떻게 이해를 구할 것이며 땅에 떨어진 행정의 신뢰도는 어떻게 회복할 것인가.

쉽게 말해 총만 안 들었을 뿐 상급자들을 포함한 의사 결정권자 모두와 동료 공무원들을 한 방에 보내는 대단한(?) 일을 벌인 것이다.

중국 춘추시대 사상가인 공자孔子는 그의 제자 자로子路와의 일화를 통해 사람을 죽이는 방법 세 가지를 언급하였는데, 이는 '글文'과 '말言' 그리고 '돌(武器라고 해석할 수도 있다)'이라고 하였다. 굳이 무기를 들지 않아도 '붓글, 文'과 '입言'으로도 사람을 죽일 수 있다는 것으로, 결국 보고서는 '글文'과 '말言'이므로 사람을 죽이는 일을 두 번씩이나 한 것과 다름없을 것이다.

그럼 공자가 말한 사람을 죽이는 글과 말을 피하는 방법은 무엇일까?

그건 바로 '미디어 리터러시media literacy'를 가지고 배경지식을 쌓는 일이다. 분명한 것은 대중매체를 통해 접하는 각종 사회문제에 관련된 정보 습득 방식은 단점보다는 장점이 많다고 할 수 있는데, 전술한 바와 같이 이를 비판적으로 사고하지 않고 접촉된 정보를 일방적으로 전달하는 보고서를 작성하는 일은 그 책임 소재에 있어 논란과 갈등을 유발하게 될 것이다.

2020년 관계부처 합동으로 계획된 '디지털·미디어 소통역량 강화 종합계획(안)'에 따르면 미디어 리터러시는 "다양한 정보 매체의 정보를 분석하고 평가한 후에 이를 용도에 맞게 전달하고 활용하는 능력"으로 정의하고 있다. 본 정의에서 가장 핵심적인 사항은 사회적 현상을 비판하는 역량과 이를 적절하게 재생산하고 활용하는 능력이라고 할 수 있다.

결국 미디어가 제공하는 배경지식을 보고서에 활용하기 위해서는 제공되거나 접근한 정보를 비판적으로 이해하고 해석할 수 있는 역량이 전제되어야 할 것이다. 따라서 미디어 리터러시를 보고서 작성을 위한 도구로 보고 다시 정의해 본다면, '배경지식에 대한 비판적 시각 및 해석과 더불어 본인의 생각을 책임 있게 표현하고 주변의 환경과 소통하는 능력'까지도 포함된다고 정의할 수 있을 것이다.

이와 같은 사실을 고려한다면 TV 등과 같은 대중 미디어 매체를 통한 배경지식을 쌓는 일에 있어서는 무조건 받아들이기보다는 능동적이되 주체적이며 다른 사람들과의 상호작용을 통한 공유와 협력으로 비판적 해석과 이해를 구하고 더 나아가서는 창조적인 사고까지 나아갈 수 있어야 보고서의 신뢰성이 배가 될 것이다.

한편, 교육부에서는 2019년 '대한민국 정책브리핑'을 통해서 미디어 리터러시 교육이 필요한 이유를 정책 뉴스로 게시하면서 국제도서관 연맹에서 제시하는 '가짜뉴스 판별법 8가지'를 소개한 바 있어 본 책을 통해 공유하고자 한다.

국제도서관연맹에서 제시하는 가짜뉴스 판별법 8

①	출처 밝히기 - 해당 뉴스 사이트의 목적이나 연락처 확인
②	본문 읽어보기 - 제목만 보지 말고 전체 내용을 꼼꼼히 확인
③	작성자 확인하기 - 실존 인물 여부, 어떤 이력을 가졌는지 등을 확인
④	근거 확인하기 - 관련 정보가 뉴스를 실제로 뒷받침하는지 확인
⑤	날짜 확인하기 - 오래된 뉴스를 재탕 또는 가공한 건 아닌지 확인
⑥	풍자 여부 확인하기 - 뉴스가 너무 이상하다면 풍자성 글일 수 있음
⑦	선입견 점검하기 - 자신의 믿음이 판단에 영향을 미치지 않았는지 판단
⑧	전문가에게 문의하기 - 해당 분야 관련자 등을 통해 사실 여부 확인

1.2
중앙부처 보도자료 찾기

지방자치단체의 사회복지정책과 행정은 중앙부처의 그것과 대부분 그 맥락을 같이하는데, 그 원류를 찾아간다면 관련 법령이 정하고 있는 사항과 법령의 개별조항에서 각 부部 장관에게 위임된 사항 등을 지방자치단체에서 정책과 행정의 결정과 수행을 통해 시민들에게 복지서비스 형태로 제공되고 있는 것으로 볼 수 있다.

예를 들어, 국민기초생활 보장사업은 법적 근거로 「국민기초생활 보장법」, 「국민기초생활 보장법 시행령」, 「국민기초생활 보장법 시행규칙」을 두고 있으며, 본 사업을 수행하기 위하여 보건복지부 장관은 위 법령이 정하고 있는 사항과 자신에게 위임된 사항을 더하여 '국민기초생활보장 사업안내'를 지방자치단체에 배포(일명 '지침'이라고 말한다)하여 사업의 표준화와 효율화를 지원하게 되는 것이다.

이런 사유로 사회복지정책과 관련하여 각각의 중앙부처의 정책 방향은 지방자치단체의 정책 방향 또는 행정 실현을 위한 계획보고서 내용에 영향을 줄 수밖에 없는데, 이런 면에서 중앙부처 홈페이지의

'보도자료', '보도 설명' 등과 같은 콘텐츠 자료는 즐겨찾기를 통해 수시 확인하여야 할 필요가 있다.

예를 들어, 행정안전부는 2023년 1월 18일 보도자료를 통해 '지방출자·출연기관 설립기준 개정(안)'을 확정하여 1월 19일부터 시행한다고 밝혔다. 출자·출연기관 조직 설계 지침(가이드-라인) 등을 통해 설립 절차를 강화하여 지방공공기관 혁신을 이끈다는 방침의 일환이었다.

보도자료가 게시된 후 2월 3일에는 개정된 '지방출자·출연기관 설립기준'이 게시되었으며, 주요 개정내용으로 조직 설계 가이드-라인 제시, 설립 전 사전점검표 제공, 설립 협의 심사표 세분화 등 무분별한 기관의 설립을 방지하겠다는 의지가 상당 부분 구체적으로 담겨있었다.

쉽게 말해, 출자·출연 기관이라는 것은 지방자치단체가 예산(돈)을 내어 기관을 설립하는 것으로, 보통 ○○○공사, △△△공단 또는 ◇◇◇재단 등과 같은 기관 명칭을 사용하는데, 위와 같은 사례는 지방자치단체의 이와 같은 기관 설립에 제동을 걸겠다는 것으로 해석될 수 있었다.

가령 이와 같은 사업을 복지부서에서 추진하는 경우는 '◇◇◇재단 설립' 등의 경우가 있는데, 설립을 위한 막대한 예산(돈)이 출연되고 그 재원의 출처가 조세租稅라는 점에서 상당한 노력과 공을 들여야 하는 큰 프로젝트로, 만약 이런 사업의 추진 과정의 한가운데서 위와 같은 설립기준이 바뀌는 변동이 있었음에도 그 사실을 미리 알지 못하거나 뒤늦게 알게 된다면 그 사업을 위한 추진계획 보고서는 보류되거나 결국에는 포기되는 사례까지도 갈 수 있을 것이다.

실제로 인천일보는 2023년 3월 29일 기사를 통해 달라진 설립기준으로 인하여 "○○지역 일부 지자체가 추진하던 사업 자체를 포기하거나 보류하는 사례가 속출하고 있다."라고 보도하기도 하였다.

위의 사례를 통한 가장 핵심적인 교훈을 꼽아본다면, 사회복지 공무원의 주요 업무가 보건복지부와 연관되어 있다고 해도 반드시 업무과 연관된 주요 중앙부처의 보도자료나 자료실 또는 제도·운영 등의 콘텐츠를 능동적이고 적극적으로 살펴볼 필요가 있다는 것이다.

왜냐하면 앞서 예를 들었던 지방출자·출연기관 설립과 관련한 주무 부처는 행정안전부 공기업관리과로 주요 변경 사항 등을 공문으로 관련 부서에 통보하였다고 해도 각 지방자치단체에서는 공기업전담부서와 담당팀이 복지부서와 복지팀과 별도로 운영되고 있어 복지부서에까지 그 정보가 전달되거나 공람display 되지 않는 경우가 있을 수 있기 때문이다.

결국, 중앙부처 보도자료를 확인하는 일은 배경지식의 사실관계를 더욱 확실히 할 수 있으며 정책 변동의 예측을 가능하게 만들어 지역 상황에 맞는 시의적절한 정책과 행정 보고서를 만들어 낼 수 있는 역량을 제공하여 준다고 볼 수 있다.

한편, 각각의 중앙부처를 통한 배경지식 쌓기가 어렵다면, '대한민국 정책브리핑' 사이트를 통해 정부 정책에 대한 균형 있는 소식을 수시로 파악할 수 있다. 이곳은 각 부처, 청, 위원회, 대통령 직속위원회까지 정부 정책 뉴스를 한 번에 검색할 수 있어, 전반적인 정책의 틀(frame)을 그릴 수 있는 정보를 제공해 줄 수 있다.

이 역시 해당 데이터 자료의 좌표를 기억하기 위해 북-마크(즐겨찾기)를 하거나, 구독을 통해 뉴스레터news letter를 받아보는 것도 좋은 방법이 될 수 있을 것이다.

1.2.1. 힘이 되는 평생 친구 | 보건복지부

정부조직법 제39조(보건복지부)에 따르면 보건복지부장관은 생활보호 · 자활지원 · 사회보장 · 아동(영 · 유아 보육을 포함한다) · 노인 · 장애인 · 보건위생 · 의정 및 약정에 관한 사무를 관장한다고 명시하고 있어 보건복지부에서는 사회복지 증진에 관한 거의 모든 사무를 수행하고 있다고 볼 수 있다.

보건복지부 홈페이지에서는 복지에 관한 정책과 그에 관한 설명 자료 그리고 다양한 연구정보와 법령 및 보도자료와 같은 공개 가능한 모든 정보를 공공누리(공공저작물 자유 이용 허락표시제도)를 통해 다양한 형태의 파일과 이미지 등을 통해 가장 최신의 정보 자료를 제공하고 있다.

보건복지부의 다양한 콘텐츠 중 꼭 챙겨봤으면 하는 콘텐츠로는

'보도자료'와 '보도 설명' 콘텐츠, '주요 계획', '법령', '연구·조사·발간자료' 콘텐츠 그리고 매년 초 발표되는 '업무계획' 등을 꼽을 수 있다.

이쯤 되면, 이런 질문을 할 수 있을 것이다.

"난 지방자치단체 소속 사회복지 공무원인데 왜 이렇게 중앙부처의 각종 자료를 챙겨봐야 하지?"

의외로 답은 간단하다. 지방자치단체에서 근무하는 사회복지 공무원은 지방공무원으로 지방 자치사무와 더불어 국가 위임사무를 수행해야 하기 때문이며, 현재 사회복지 공무원은 지방직에서만 선발함과 동시에 큰 틀의 행정직군에 포함되어있어 자격증을 동반한 전문적 복지행정을 포괄적으로 수행해야 하기 때문이다.

위임사무는 중앙정부(국가)나 광역지방자치단체(특별시, 광역시, 특별자치시, 도, 특별자치도)가 지방자치단체를 대상으로 행정사무를 책임지워 맡기는 것이라고 할 수 있는데, 맡기는 행정사무가 보건복지부 소관 사업이라고 하면 대다수 복지 사무가 위임되었다고 볼 수 있을 것이다. 참고로 2005년 당시 보건복지부 소관 138개 국고보조사업 중 67개 사업이 지방으로 처음 이양되었다.

결국 보건복지부 소관 복지사업을 위임받은 지방자치단체는 보건복지부의 주요 정책 방향의 주기적 모니터링을 통해 향후 지방자치단체의 사회복지 정책보고서 또는 계획보고서 등의 정책적 일관성 유지와 정책 목표의 정확성을 확보해야 할 필요가 있을 것이며, 국가직에서 선발하지 않고 지방직에서만 찾아볼 수 있는 사회복지공무원의 전문성 강화를 위한 전략으로도 그 기능을 하게 된다고 볼 수 있다.

최근 보건복지부에서 발표한 '2023년 상반기 보건복지부 홈페이지 방문 현황'을 보면 1월에만 페이지뷰 수가 10,492,360건에 달하며, 1월 방문자 수는 806,008명으로 조사되었다. 이는 주민들의 욕구가 어떤 것인지 어렴풋하게나마 알 수 있는 지표일 것이며 첫 임용을 앞둔 공무원이나 이미 현장에서 현업에 매진하고 있는 사회복지 공무원 모두에게 유의미한 시사점을 안겨준다고 볼 수 있다.

세계 최대의 인터넷 기업 중 하나인 구글google 검색창에 보건복지부를 입력하면 제일 먼저 "힘이 되는 평생 친구, 보건복지부"가 검색된다.

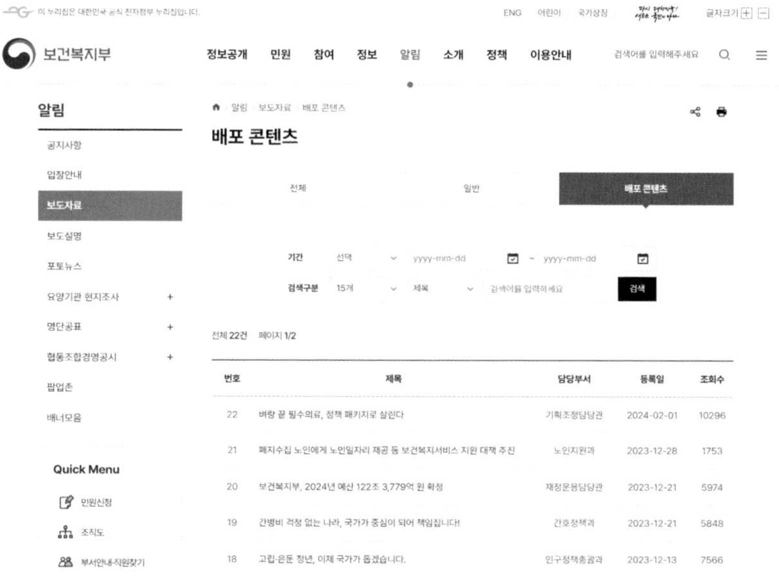

보건복지부 - 보도자료 배포 콘텐츠 화면

보건복지부 – 연구/조사/발간자료 화면

사회적 약자에게 더 감동을 주는 문장임에는 틀림없는 사실이지만, 잘 곱씹어보면 보건복지부 홈페이지의 전문적이고 다양한 콘텐츠를 잘 활용한다면 사회복지 공무원에게 '힘이 되는 평생 보고서 친구'가 될 수도 있을 것이다.

1.2.2. 사실은 이렇습니다 | 대한민국 정책브리핑

우리나라 중앙정부의 모든 정책을 한눈에 볼 수 있는 '대한민국 정책브리핑' 사이트는 대한민국 정부 정책의 가장 정확한 정보를 주는 곳이다. 우리가 필요로 하는 모든 정책을 한 번에 볼 수 있는 곳으로 다양한 정부 정책을 알기 쉽고 일목요연하게 확인해 볼 수 있다.

특히, 각각의 정부 부처와 관련된 정책 뉴스를 다루는 뉴스 콘텐츠에서는 정부 부처 항목 중 보건복지부, 여성가족부, 국토교통부, 교육부, 행정안전부 등이나 대통령 직속위원회 항목 중 저출산·고령사회위원회의 인구정책 등과 관련한 최근 이슈 항목을 선택하여 검색하면 최근 1년간의 복지 관련 정책 뉴스를 한눈에 볼 수 있어 각 정부 부처의 가장 최신의 정책 뉴스와 그와 관련된 설명자료 등을 종합적으로 찾아서 확인해 볼 수 있다.

주요 서비스로는 중앙정부 각 부처의 주요 정책과 정책홍보 그리고 보도자료 제공과 국정과제 소개 등의 자료를 확인해 볼 수 있으며, 정책브리핑 뉴스레터 구독 신청으로 매주 월요일 정부 정책에 대한 소식을 정기적으로 받아볼 수 있으며, 정책정보 주요 알림 설정으로 나에게 맞는 최신 실시간 알림을 만나볼 수 있다.

최신 정보를 빠르게 받아보고 싶다면

정책브리핑 뉴스 레터	https://www.korea.kr/etc/newsLetterMain.do
정책정보 알림 설정	https://www.korea.kr/etc/newsNotifyGuide.do

대한민국 정책브리핑 – 대상별·맞춤 정책 뉴스 화면

대한민국 정책브리핑 – 정책뉴스 화면

1.2.3. 대한민국 대표 복지 포털 | 복지로(bokjiro)

앞선 사례의 중앙부처, 보건복지부, 대한민국 정책브리핑 등의 홈페이지는 업무관련자 또는 정보 수집과 전달 등의 목적이 주를 이루었다면 지금 소개할 '복지로'는 정부 각 부처의 정보를 한데 모아놓은 곳으로 복지서비스 혜택이 필요한 개인이 실체적으로 복지 도움을 신청할 수 있도록 만들어 놓은 곳으로 사회적 약자를 위한 대표적인 복지 포털portal이라고 할 수 있다.

복지로(www.bokjiro.go.kr)는 사회적 약자들의 주 활용을 목적으로 개발되었기 때문에 사회복지 현장 또는 창구에서 복지로에서 습득한 정보를 근거로 문의를 하는 사례도 있어, 원활한 커뮤니케이션을 위해서는 복지로의 각 콘텐츠를 익히고 체험하는 것이 필요하다.

특히, 간단한 소득과 재산 등의 항목을 입력하여 사회복지 서비스별 수혜 대상을 확인해 볼 수 있는 '모의 계산' 기능은 서비스를 원하는 사회적 약자에게 유용하게 쓰이고 있으나, 실제 사회복지 현장에서는 이와 관련한 분쟁이 자주 일어나고 있어 주의가 필요하다.

실제로 사회복지서비스의 수급 여부는 공적 자료(공적시스템을 통한 소득자료 출처) 조사를 통해 개별가구의 소득평가액과 재산의 소득환산액을 합산한 소득인정액에 따라 실제 수급 여부가 결정되게 되는데, 복지로의 모의 계산 기능은 단순 참고용으로만 활용하라는 안내에도 불구하고 모의 계산 조회 결과가 수급 대상자로 선정될 가능성이 있다고 나오는데 정작 신청 후 조사 결과에서는 왜 부적합(미선정) 되었는지를 묻는 주민들도 꽤 있다.

행정안전부와 한국지능정보사회진흥원에서는 2023년에 '전자정부 서비스 이용실태조사 결과'를 발표하면서, 전자정부 서비스 주요 홈페이지별 이용률을 비교하여 발표하였다. 이 중 생활·여가 분야에서 '복지로'가 코레일과 국민연금 다음으로 이용률이 높은 것으로 조사되었는데, '복지로'의 이용률을 보면 2022년 21.2%, 2023년 29.2%로 전년 대비 8% 이상 증가하였음을 확인할 수 있다.

결국, 위와 같은 데이터는 사회적 위기에 처하거나 생활에 어려움을 해소하기 위한 도움을 받기 위한 정보 창구로 가장 먼저 찾는 곳이 '복지로'라는 것을 의미한다고 볼 수 있다.

따라서 사회복지 현장의 최일선에서 주민들의 행복한 삶을 다루는 사회복지 공무원은 '복지로'의 기능과 역할 그리고 주요 서비스 등을 인지함과 동시에 '복지로' 기능을 실제로 체험해보고 주민들의 사회복지 서비스 신청과 과정에서 겪는 다양한 어려움을 공유할 필요가 있을 것이다.

복지로 주요 서비스

복지멤버십	복지혜택을 맞춤형으로 안내받을 수 있다.
복지지갑	복지자격 정보, 수급 현황, 신청 현황 등 종합적 확인
복지서비스	내 상황에 맞는 다양한 복지서비스를 검색, 정보 확인
서비스신청	복지서비스, 민원서비스 증명서 발급을 온라인으로 신청
복지지도	복지관련 시설 및 기관 정보를 제공
복지도움	나와 이웃의 도움 요청 사연을 작성하여 도움 요청
복지신고	개인, 기관의 복지 부정 수급을 신고할 수 있다.

이 누리집은 대한민국 공식 전자정부 누리집입니다.
본문 바로가기
공동인증서 내보내기
지원
화면크기
95%
복지로
복지서비스
서비스 신청
복지지도
복지도움
복지신고
로그인
맞춤형급여안내(복지멤버십)
검색어를 입력하세요
공지사항
청년월세 한시 특별지원(2차) 신청 안내
검색순위
4
청년내일저축
자주 찾는 서비스
복지서비스
서비스신청
복지도움
복지지도
복지신고
맞춤형급여안내 (복지멤버십)
맞춤형급여안내 (복지멤버십)
복지지갑
복지서비스
서비스신청
서비스신청 바로가기 +
어디서든 편리하게 복지서비스를 신청해보세요.
다문화가족 방문교육 서비스
집합교육 참여가 어려운 다문화 가정에 방문하여 한국어 교육, 부모 교육, 자녀생활 교육을 제공하고 다문화 가족의 정착과 자녀양육을 돕습니다.
자세히 보기
여성장애인출산비용지원
임신과 출산에 대한 비용이 추가로 발생하는 여성장애인에게 출산비용을 지원하여 경제적 부담을 경감하고 모성권 보호에 기여합니다.
자세히 보기
초.중.고 학생 교육정보화 지원
초중고 학생에게 PC, 인터넷 통신비를 지원하여 정보 소외 계층의 교육 격차를 해소하고 균등한 교육 기회를 제공합니다.
자세히 보기

복지로 메인화면

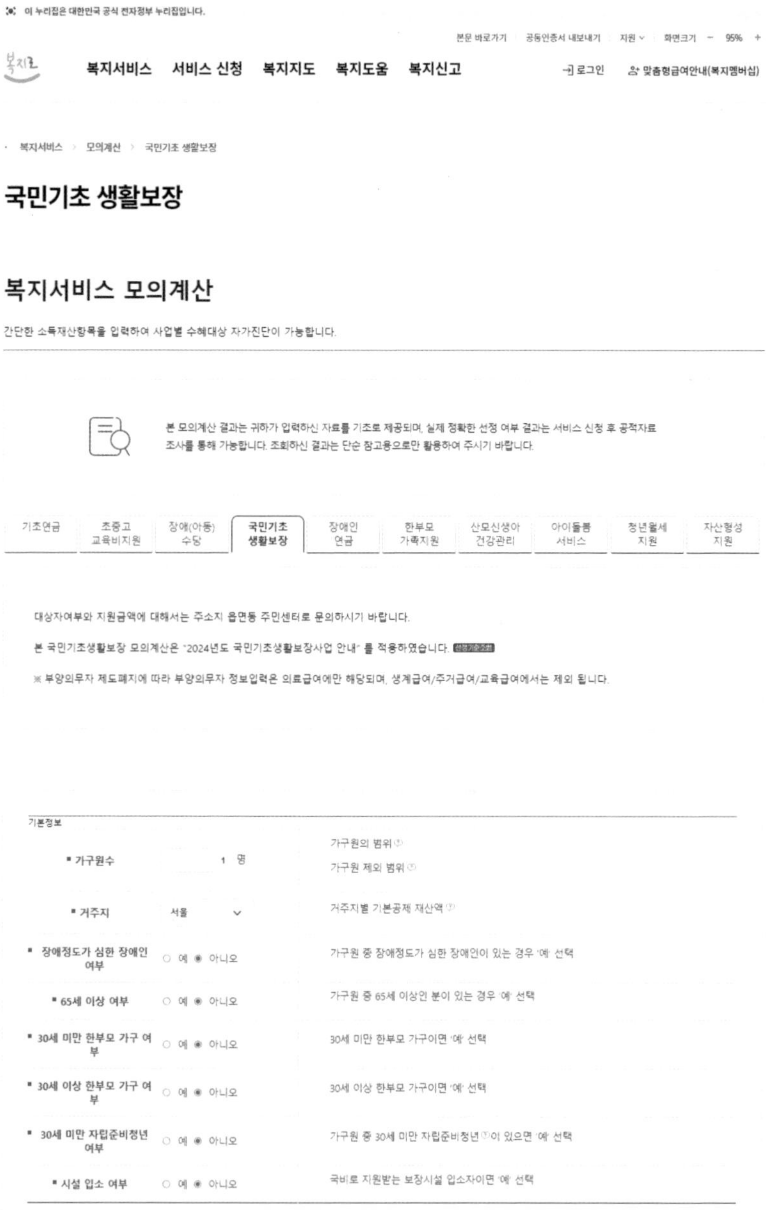
이 누리집은 대한민국 공식 전자정부 누리집입니다.
본문 바로가기
공동인증서 내보내기
지원
화면크기 - 95% +
복지로
복지서비스
서비스 신청
복지지도
복지도움
복지신고
로그인
맞춤형급여안내(복지멤버십)
복지서비스 > 모의계산 > 국민기초 생활보장
국민기초 생활보장
복지서비스 모의계산
간단한 소득재산항목을 입력하여 사업별 수혜대상 자가진단이 가능합니다.
본 모의계산 결과는 귀하가 입력하신 자료를 기초로 제공되며, 실제 정확한 선정 여부 결과는 서비스 신청 후 공적자료 조사를 통해 가능합니다. 조회하신 결과는 단순 참고용으로만 활용하여 주시기 바랍니다.
기초연금
초중고 교육비지원
장애(아동) 수당
국민기초 생활보장
장애인 연금
한부모 가족지원
산모신생아 건강관리
아이돌봄 서비스
청년월세 지원
자산형성 지원
대상자여부와 지원금액에 대해서는 주소지 읍면동 주민센터로 문의하시기 바랍니다.
본 국민기초생활보장 모의계산은 "2024년도 국민기초생활보장사업 안내" 를 적용하였습니다.
※ 부양의무자 제도폐지에 따라 부양의무자 정보입력은 의료급여에만 해당되며, 생계급여/주거급여/교육급여에서는 제외 됩니다.
기본정보
가구원수
1 명
가구원의 범위
가구원 제외 범위
거주지
서울
거주지별 기본공제 재산액
장애정도가 심한 장애인 여부
예 아니오
가구원 중 장애정도가 심한 장애인이 있는 경우 '예' 선택
65세 이상 여부
예 아니오
가구원 중 65세 이상인 분이 있는 경우 '예' 선택
30세 미만 한부모 가구 여부
예 아니오
30세 미만 한부모 가구이면 '예' 선택
30세 이상 한부모 가구 여부
예 아니오
30세 이상 한부모 가구이면 '예' 선택
30세 미만 자립준비청년 여부
예 아니오
가구원 중 30세 미만 자립준비청년이 있으면 '예' 선택
시설 입소 여부
예 아니오
국비로 지원받는 보장시설 입소자이면 '예' 선택

소득정보

	근로소득	0 만원/월	상시근로소득 ⓘ, 일용근로소득 ⓘ, 자활근로소득 ⓘ, 공공일자리소득 ⓘ의 합
	사업소득	0 만원/월	농업소득 ⓘ, 임업소득 ⓘ, 어업 및 양식업 소득 ⓘ, 기타사업소득 ⓘ의 합
	재산소득	0 만원/월	임대소득 ⓘ, 이자소득 ⓘ, 연금소득 ⓘ의 합
	기타소득	0 만원/월	공적이전소득 ⓘ, 사적이전소득 ⓘ, 부양비 ⓘ의 합
지출요인	월평균의료비	0 만원/월	만성질환 등의 치료·요양·재활로 인하여 3개월 이상 지속적으로 지출하는 의료비
	재활보조금	0 만원/월	자동차손해배상 보장법의 재활보조금
	연금보험료	0 만원/월	본인부담분 국민연금보험료의 75%에 해당하는 금액

재산정보

일반재산	주거용 재산	0 만원	일반재산 중 거주를 목적으로 하는 재산 * 단독주택, 공용주택, 준주택(기숙사, 고시원, 노인복지주택, 오피스텔) 및 그 부속토지 * 단독주택, 공용주택, 준주택에 대한 임차보증금(전세금 포함)
	건축물	0 만원	주거용 목적 이외의 주택, 건물, 시설물 등의 합
	토지	0 만원	시가표준액
	임차보증금	0 만원	주거용 목적 이외의 전월세보증금, 상가보증금, 기타보증금 등의 합
	기타재산	0 만원	선박, 항공기, 동산(100만 이상 가축·종묘 등), 입목재산, 회원권, 조합원입주권, 분양권, 어업권 등의 합 *일반재산으로 적용되는 자동차 포함
	금융재산	0 만원	현금, 수표, 어음, 주식, 국공채 등 유가증권, 예금, 적금, 부금, 보험, 수익증권 등
	차량가액	0 만원	사회보장차량기준가액(조회하기) * 본 차량가액은 관련법령에 따라 보건복지부장관이 정하는 정보로써, 중고차매매 및 자동차 보험 등의 업무와는 관계가 없습니다. * 본 차량가액은 참고용으로서, 실제 소득재산 조사 시 차량의 종류 및 옵션 등에 따라 가액이 일부 수정될 수 있습니다. * 본 차량가액을 참고용이 아닌 타 용도로 활용하는 경우에는 적발 시 관련법령에 따라 처벌 받을 수 있습니다. [재산가액 산정에서 제외되는 자동차] ⓘ [일반재산으로 적용하는 자동차] ⓘ [소득환산율 월 100% 적용되는 자동차] ⓘ
	부채	0 만원	부채: 임대보증금 및 금융회사 등으로부터 받은 대출금 및 주택연금과 농지연금의 누적액 부채 종류 ⓘ 부채 예외범위 ⓘ

의료급여정보

* 의료급여	○ 예 ◉ 아니오	※ 부양의무자 제도폐지에 따라 부양의무자 정보입력은 의료급여에만 해당되며, 생계급여/주거급여/교육급여에서는 제외 됩니다.

다시하기 결과보기

복지로 복지서비스 모의 계산 화면

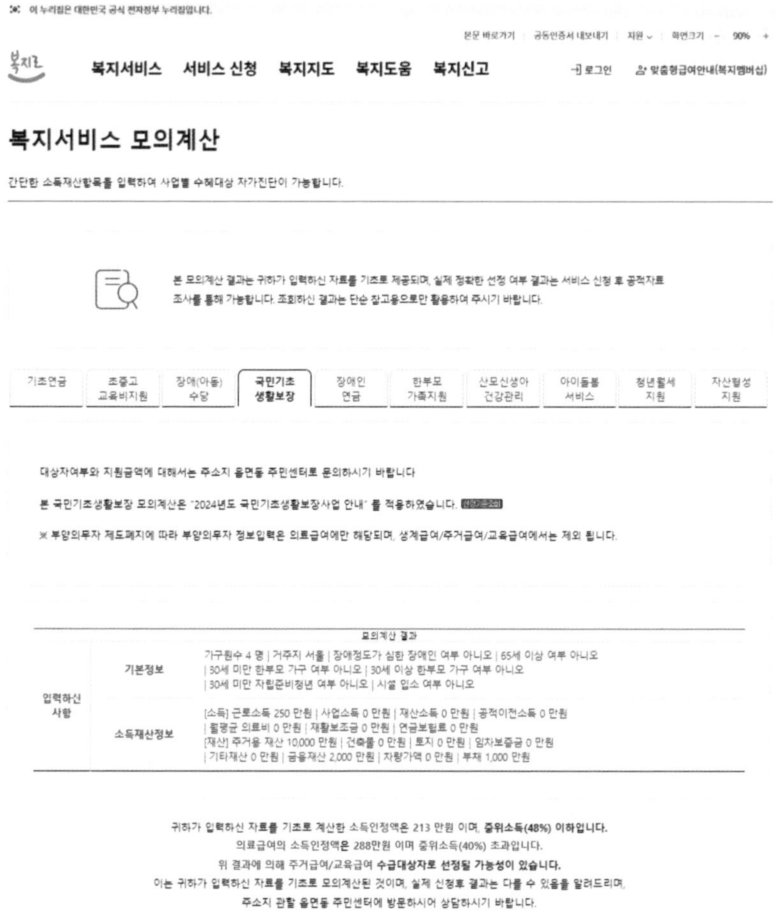

복지로 – 모의계산 – 모의계산결과 화면

1.2.4. 정부지원금 찾기 끝판왕: 정부24 | 보조금24

우리나라 사회복지 분야 보조사업 개수가 정확히 몇 개인지 헤아릴 수 있는 사람은 거의 없을 것이다. 지방자치단체 사회복지정책과 행정에 관여하는 필자조차도 사회복지 서비스 수와 종류를 모두 다 알지는 못한다.

그렇다고 부끄럽거나 죄책감을 가질 일은 아니다. 왜냐하면 국민을 대상으로 하는 사회복지 분야의 서비스는 생각보다 폭넓고 다양하며 그 개수는 기대 이상으로 많아서 일일이 기억력에 의존하기는 거의 불가능하기 때문이다. 즉 국민에게 혜택을 주기 위한 서비스 접근성의 향상은 시스템의 문제라고 해석할 수 있을 것이다.

쉬운 예로 보조금통합 포털인 'e나라도움'의 2024년 통계자료를 보면, 우리나라 총 국고보조금은 109.1조 원으로 전체 예산액 대비 약 16.6%를 차지하고 있으며 그중 보건복지부 국고보조금 예산액은 594,933억 원으로 전체 국고보조금의 절반 이상을 차지하고 있다. 또한 사회복지 분야 국고보조금 예산은 645,560억 원으로 국고보조금 예산액 대비 59.2%를 차지하고 있으며, 사회복지 분야 보조사업 개수는 51,403개(2024.04.23. 공지 기준)로 다른 분야 보조사업 개수 대비 가장 많은 사업 수를 차지하고 있어 사회복지 분야의 사업 개수가 얼마나 많은지 다시 한 번 실감할 수 있다.

따라서 앞서 언급한 바와 같이 위와 같은 대량의 서비스와 정책

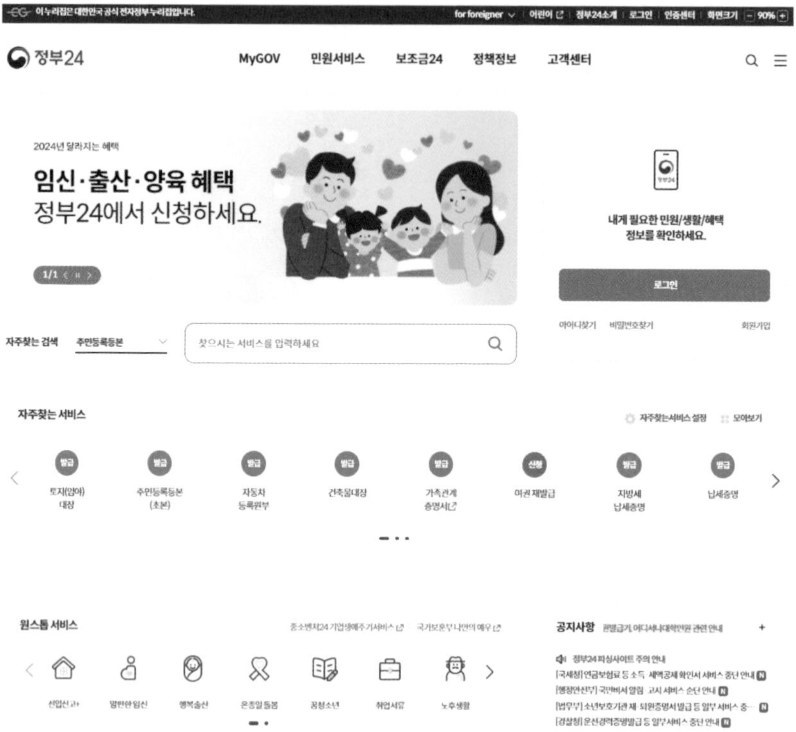

정부24 화면

그리고 정보 등을 어떻게 쉽게 접근시킬 것인가의 문제는 공무원의 성실함에만 의존할 것이 아니라, 고도의 기술과 경영을 통해 통합의 방법으로 해결해야 할 필요가 꾸준히 제기되었는데 이와 같은 욕구에 대한 솔루션으로 '정부24', '보조금24' 등과 같은 대국민 통합 포털 서비스가 조직화 되어 개통되었다고 할 수 있다.

'정부24'는 뿔뿔이 흩어져 있는 중앙부처와 지방자치단체의 민원 서비스, 공공서비스, 정책정보 등의 다양하고 많은 서비스를 한 곳에서 이용할 수 있도록 만든 통합 포털 서비스로 2024년 2월 말 기준으로 신청·조회·발급 서비스 1,342종, 보조금24 서비스 혜택 9,966개(맞춤 안내 6,290종 포함)와 생활 정보서비스 69종, 정책정보 186만여 건, 기관 정보 366개 등을 제공 중이다.

이 중에서 '보조금24'는 앞서 언급하였던 송파 세 모녀 사망 사건을 계기로 사회복지 서비스를 몰라서 못 받거나 알고 있더라도 어떤 혜택이 있는지 모르거나 복잡한 신청 절차 또는 어디에서 신청해야 할지 모르는 경우 등과 같은 사회복지 서비스의 불편하고 답답한 현실을 타개打開하고자 개통되었다고 할 수 있다.

쉽게 말해서 정부는 송파 세 모녀 사건을 계기로 '송파 세 모녀 법'으로 불리는 「사회보장급여의 이용·제공 및 수급권자 발굴에 관한 법률」이 신규 제정되고 기존에 있던 「국민기초생활 보장법」과 「긴급복지지원법」이 일부 개정되면서 사회복지 혜택의 전달방식을 사회적 약자 중심으로 개선하였다고 할 수 있다.

즉, 사회복지 서비스를 모르거나 신청하는 것이 어려워서 사회복지 혜택을 포기하는 일이 없도록 복지혜택에 접근하는 방식을 바꾼 것인데, 이는 기존에는 사회적 약자가 생활고를 견디다 못해 일일이 필요한 혜택을 물어서 찾아다니다 결국 어렵고 복잡한 절차에 신청을 포기하는 사례가 있었다면, 이제는 일일이 발품 팔 필요 없이 복지혜택을 '보조금24' 한 곳에서 한눈에 확인하고 한 번에 신청까지 할 수 있게 하였으며, 신청자의 가구 특성에 맞는 복지혜택 정보를 맞춤형으로 제공까지 함으로써 복지정책과 행정의 사각지대까지 해소하는 일

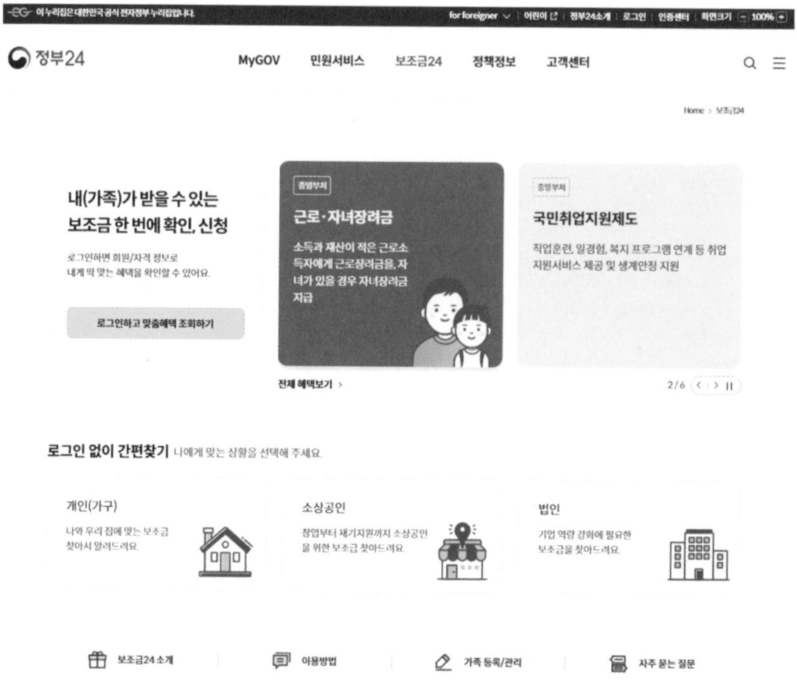

보조금24 화면

에도 일조help하였다고 평가할 수 있다.

결국 '정부24', '보조금24' 포털은 중앙부처나 지방자치단체, 공공기관 등에서 공공서비스를 등록하면 대상자가 포털에 접속하여 필요한 정보를 한눈에 확인하고 집에서 편하게 수혜 서비스를 신청할 수 있으며 필요에 따라 맞춤형 혜택 서비스를 추천해주기도 하는 사회적 약자를 넘어 모든 국민을 위한 행정 서비스 및 사회적 급여 서비스 신청창구의 대표 포털이라고 할 수 있을 것이다.

특히 '보조금24'는 사회복지 행정의 모든 급여, 즉 현금, 현물, 서비스와 그 이용권 등과 같은 유·무형의 모든 사회보장급여를 대국민 서비스로 제공한다는 점에서 정부지원금 찾기의 끝판왕이라고 불러도 손색이 없을 것이다.

다만 한 가지 유념해야 할 점도 있는데, '보조금24'는 국고보조금 관리 포탈인 'e나라도움'이나 지방보조금 관리시스템인 '보탬e'와는 다른 것임을 알아야 한다. 2024년 들어 행정안전부와 기획재정부는 위의 국고보조금과 지방보조금 관리 포털을 통합하여 '보조금통합 포털'을 개통하였는데, '보조금통합 포털'은 보조사업자 중심의 보조사업 정보 확인 및 신청의 기능을 제공하는 반면 '보조금24'는 개인(사회적 약자 등)이 복지혜택을 받고자 사회복지 급여로서의 보조금을 확인하고 신청하는 기능을 지니고 있다.

가령, 노인복지관을 운영하는 사회복지법인의 경우에는 '보조금통합 포털'에 접속해야 할 것이나, 생계 곤란을 사유로 생계급여 등과 같은 사회보장 급여를 신청하는 개인은 '보조금24'에 접속해야 할 것이다.

한편 사회복지 현장에서는 'e나라도움', '보탬e', '보조금통합 포털', '보조금24' 모두가 '보조금'이라는 단어를 중심으로 전개되고 있어 일선 공무원뿐만 아니라 일반 시민들도 같은 사이트인지를 물어보는 경우가 일상다반사이다.

그도 그럴 것이 통상 사회복지 현장에서는 사회복지 수탁사업자인 복지재단이나 복지시설, 기관, 단체 등이 매년 분기별 신청하는 사업비나 운영비 등을 '보조금'이라고 부르고 있으며, 생계 곤란 등으로

보조금24 맞춤 혜택 조회(신청가능한 혜택) 화면

개인이 사회보장 서비스를 신청하여 지급되는 것은 '사회복지 급여'라고 쓰이고 있기 때문일 것이다.

물론 '보조금'이라는 사전적 의미로만 본다면 국가, 지방자치단체, 기관, 단체, 개인 등에게 교부交付한다는 점에서 그 쓰임새에 큰 하자fault가 있다고 볼 수는 없으나, 사회 통념에 반하여 쓰이는 포괄적인 용어는 오히려 행정의 혼잡도를 높이는 일을 피할 수 없을 것으로 보인다.

사회복지 공무원은 '정부24' 또는 '보조금24' 포털 홈페이지상에서 직접적인 업무처리를 하지는 않는다. 가령 사회복지 공무원은 사회적 약자가 '보조금24'를 통해 사회복지 서비스를 신청하면 사회복지 서비스 담당자 전용의 '공공서비스 통합관리 시스템'에 접속하여 신청 내용 및 자격 검증 결과를 확인하여 접수 및 처리하게 되며 복지서비스 신청인은 처리 결과를 '보조금24'에서 확인할 수 있게 된다.

'공공서비스 통합관리 시스템'은 행정기관이나 공공기관 등에서 제공하는 공공의 서비스를 등록하고 관리하기 위한 업무처리 시스템으로 중앙부처, 지방자치단체, 교육청, 공공기관의 업무담당자가 사용하게 되며, 만일 이와 관련된 업무를 맡게 된다면 전문 교육을 통해 사용 방법을 배우고 익히게 되며 권한 요청 및 승인의 과정을 거쳐 업무처리를 위한 담당자 권한을 취득하게 될 것이다.

그렇다면 이쯤에서 이런 의문이 들 수도 있을 것이다. 사회복지 서비스 담당자가 사용하는 시스템은 따로 있는데, 왜 '정부24'와 '보조금24' 에 관해서 알아야 하는지 말이다.

이는 이솝 우화 중 하나인 '여우와 두루미'를 기억해 보면 쉽게 이해할 수 있을 것이다. 이 이야기는 입 모양이 서로 다른 여우와 두루미가 서로를 초대하여 자신이 먹기 편한 그릇으로 상대방에게 음식을 제공한 이야기로 상대에 대한 배려care의 중요성을 알 수 있게 한다.

사회적 약자는 정보통신과 관련한 접근에서도 어려움을 토로하는데, 이를 '정보 취약계층' 또는 '정보 소외계층' 등으로 표현한다. 특히 사회복지 현장의 사례를 들여다보면 고령의 노인, 장애인, 결혼 이민자 등은 정보통신 기술 등의 서비스 접근과 활용의 사각지대에 놓여 있음을 확인할 수 있다.

보조금24 맞춤 혜택 조회(확인 필요한 혜택) 화면

결국 상대방과 나와의 다름이나 차이를 인정하기 위해서는 상대방이 처한 상황과 환경을 몸소 겪어보고 자연스럽게 피부로 느껴야만이 가능하다고 할 수 있다.

따라서 사회적 약자를 넘어 전 국민이 신청하는 '보조금24' 포털을 직접 체험해보고 눈높이를 신청자와 맞추는 노력이 필요하다. 이런 노력은 민원인의 문의와 질문에 한층 더 부드럽게 답할 수 있는 유연한 지식과 지혜를 가져다줄 것이다.

1.3
지역신문 엿보기

지역신문은 「지역신문발전지원 특별법」에서 “특별시 · 광역시 · 특별자치시 · 도 · 특별자치도 또는 시 · 군 · 자치구 지역을 주된 보급지역으로 하는 신문”으로 정의하고 있다. 보통 지역지, 지방지 등으로 불리기도 하며 해당 지역 또는 지방을 전문적이고 상세하게 취재하고 보도한다고 볼 수 있다.

그 종류로는 한국지방신문협회에 소속된 강원일보, 경남신문, 경인일보, 광주일보, 대전일보, 매일신문, 부산일보, 전북일보, 제주일보 등으로 각 지역을 대표하는 각각의 9개의 신문사가 포진하고 있으며, 전국지역신문협회에서는 전국 시 · 도 · 군 · 구에 340여 개의 지역 신문사가 있음을 밝히고 있어 우리가 알고 있는 이름 있는 언론사 또는 신문사가 전부가 아님을 알 수 있다.

만약, 발령지가 경기도, 인천 등의 수도권이라면 경인일보, 인천일보 등을 유심히 찾아볼 필요가 있을 것이며, 충청도 또는 대전이라면 대전일보, 충청일보, 충청타임즈 등의 지역신문을 수시로 모니터링

할 수 있을 것이다.

> ○○○시 ○○산업, ○○장애 독거노인 ○○기 ○○ 전달
>
> (20○○.○.○. △△△신문)

위와 같은 기사는 ㅇㅇㅇ지역에서 청각장애 노인에게 보청기를 후원 전달하였다는 기사로, 중앙 일간지에서는 좀처럼 보기 어려운 기사라고 할 수 있다. 이를 보면 지역신문은 지역사회의 소소한 일까지도 자세하게 다루고 있어 그 지역이 가진 복지자원들과 지역 내 다양한 특성들을 쉽게 파악할 수 있도록 도와준다고 할 수 있다.

한편, 지역신문이 의제를 형성하고 문제를 해결하는 역할도 하곤 하는데, 다음 기사의 첫 줄의 시작은 '이 기사는 ㅇㅇ지역 문제해결 플랫폼과 ㅇㅇㅇㅇ신문의 협업으로 작성된 기사이며...' 로 시작하고 있다. 그 내용을 살펴보면 각 지역의 의제를 자유롭게 모아서 자유 공모와 더불어 총 18개의 실행 의제가 선정되어 사업비를 배정받아 연말까지 진행된다고 밝히고 있다.

> 우리 ○○의 문제는 우리가 해결한다.
>
> (20○○.○.○. ○○○○신문)

결국, 지역신문을 찾아보는 일은 자신이 발령받아 근무하는 그 지역의 민심을 알 수 있는 바로미터barometer를 확인할 수 있는 가장 직접적인 방법이 될 것이며, 그 지역이 가진 문제와 그 문제의 해결을 위해 지역주민들이 어떤 관심과 기대를 지니고 있는지를 가늠할 수 있는 여론 확인의 장場을 마련해 준다고 할 수 있다.

그러므로 지역에서 발생한 문제를 해결하기 위한 보고서는 지역사회의 배경과 특징 그리고 그 지역주민들의 의견이 반영되지 않는다면 실패할 확률이 매우 높은 보고서가 될 수밖에 없을 것이다.

따라서 지역신문을 수시로 살펴 잘 드러나지 않는 지역주민들의 마음과 생각을 알기 위해 노력해야 함과 동시에 지역사회의 자원 등이 무엇인지를 무시any time로 살피는 노력을 겸비해야 한다.

1.3.1. 지역신문은 소통의 창구

지역신문은 지역주민들과 직접적으로 소통하면서 다양한 여론을 수렴함과 동시에 필요한 사람들의 눈과 귀가 되기도 하며 때론 대변represent인의 역할도 한다.

또 한편으로, 지역신문은 지방자치단체나 지역사회에서 활동하는 기관, 단체 그리고 지방출자·출연기관 등에서 배포된 보도자료를 통해 단체나 기관의 정책이나 정보를 홍보하기도 하며 또는 사실관계 확인 등으로 주민들의 소통 욕구를 대신해 주기도 한다.

이런 일련의 과정들에서 지역신문은 지역 공동체를 활성화하며 응집시키는 역할도 하게 되는데, 물론 지역신문의 영세성 또는 충분치 못한 자금력 등으로 인해 지역신문의 본 취지가 무색해지는 사례가 있다는 비판도 있지만, 지역사회를 중심으로 복지 업무에 관여하는 사회복지 공무원의 배경지식 활용 자원으로 부족하지 않은 건 사실이다. 그것도 처음 임용되어 첫 발령지라면 장점이 단점보다 훨씬 앞선다고 할 수 있다.

> ○○○시의회 신년 기자회견, "◇◇◇제고, □□□강화할 것"
>
> (20○○.○.○. ○○뉴스)

상기와 같은 기사는 시민에 의해 선출된 시의회의 신년 의정 구상을 밝힌 지역신문 기사로 상세하고 구체적으로 지역사회를 위한 의정 계획을 밝히고 있다.

이 기사를 통해 각 지역구를 지지기반으로 두고 있는 시의원들이 지역주민들로부터 어떤 민원을 받고 어떤 지역사회 문제를 해결하기 위해 어떤 의정 목표를 두고 있는지 확인해 볼 수 있을 것이다.

반면, 아래의 기사는 집행부의 수장인 지방자치단체장의 신년 구상 인터뷰 기사이다.

[지방자치단체장 신년 구상] ○○ 시장 "△△ 추진, ☆☆ 그릴 것"

(20○○.○.○. ○○신문)

지방자치단체장인 시장, 군수 등이 지역신문에 대담對談 형식으로 새해를 맞아 시정 운영 계획을 밝힌 기사이다. 시정 운영 기본방향과 올해의 중점 추진 과제가 무엇인지 등의 로드맵을 살펴볼 수 있다고 할 수 있다.

입법기관인 지방의회와 집행기관인 행정부 또는 집행부가 지역신문을 통해 소통하며 밝힌 비전과 의제agenda 그리고 이행 전략 등을 상호교차하여 확인해 볼 필요가 있다. 이는 중앙부처 홈페이지나 TV 등을 통해서는 찾아보기 어려운 지역사회만의 배경지식으로 지역사회만의 지역신문에서만 찾아볼 수 있는 배경지식이기 때문이다.

이처럼 지역신문은 그 지역주민의 어려움을 가장 먼저 알리고 대변함과 동시에 지방의회와 지방자치단체와의 소통 창구로도 기능하고 있어 항상 관심을 두고 있어야 할 필요가 있다.

따라서 발령받은 근무지의 지역신문은 반드시 챙겨볼 필요가 있는데, 앞서 말한 것과 같이 지역사회 문제의 의제 발굴 또는 의제 형성을 위한 주민 여론의 확인 그리고 이와 관련한 공론화의 장場으로의 역할 등 다양한 사실과 정보 그리고 사안에 대한 소통의 창구로 지역신문을 활용할 필요가 있기 때문이다.

1.3.2. 지역 소식이 시민의 삶과 더 가깝다

지역을 근거로 하는 소식통은 지역의 문제에 더 근접해 있으며 지역주민 현장의 목소리를 전하면서도 스스로 해결 방안을 내놓을 수도 있다. 이는 지역 소식이 시민의 삶과 더 가깝다는 것을 의미하며 지역사회 문제는 그 지역사회에 답이 있다는 말과 같다고 할 수 있다.

이를 달리 말하면, 지역사회의 사회복지와 관련한 욕구와 문제 등도 지역사회를 통한 해결이 가능하다는 것으로, 사회복지 정책이나 행정 서비스가 지역사회를 통해 적재적소에 빠르게 공급될 수 있다는 것을 의미한다고 할 수 있다.

2024년 1월 초부터 3월 말까지의 중앙 일간지와 지역신문의 사회 일반 전체 기사 내용을 살펴보면, 중앙 일간지의 경우 정부의 의대 정원 확대와 관련된 기사가 대다수를 차지하고 있으나, 동 기간 지역신문의 사회 일반 기사 내용은 지역의 금융기관과 단체 등이 홀몸노인, 결식아동 등 어려운 이웃을 위해 물품을 기부하고 정기적으로 아침밥을 선물하고 있다는 내용이 실렸으며 ○○지역 주책 화재로 80대 독거노인이 사망했다는 기사 등이 보도되었다.

이처럼 지역신문은 지역 소식을 더 비중 있게 다루고 있어 자신이 근무하는 지역사회의 사건·사고를 빠르게 파악할 수 있는 기능을 제공한다.

가령 위의 기사 내용처럼 80대의 홀로 사는 노인이 사망했다는 기사를 접했다면 사망한 독거노인이 사회보장 수급자인지 부양의무자는 있는지 등을 확인해 볼 수 있을 것이며 기준에 적합하다면 장제급여 등을 검토함과 동시에 화재로 인한 이웃 주민들의 주거지 피해는 어떤지 살펴본 후 적절한 행정 서비스 등을 검토하여 임시 거처(임시대피소 또는 임시거소 등) 등을 제공하는 선제적 행정 대응을 실천해 볼 수도 있을 것이다.

또한 홀몸노인과 결식아동에게 아침밥을 제공하고 있는 단체와 관련하여서는 단체 표창이나 시상으로 무형의 보상을 제공하거나 정책적으로 확대 시행을 위한 보고서 작성으로 더 많은 취약계층이 혜택을 볼 수 있도록 공론의 장을 마련하는 계기를 시도할 수도 있을 것이다.

결국 지역 소식은 지역사회와 그 주민들의 삶을 더 깊게 이해할 수 있는 방식이라고 할 수 있다. 지역의 목소리에 귀를 기울일수록 더 나은 해결 방식이 도출될 수 있으며 이를 보고서에 녹여내었을 때 정책과 행정의 실천력이 더욱 극대화된 보고서가 만들어질 수 있다고 볼 수 있다.

물론, 지역 소식을 접하는 일은 지역신문을 통해서만 가능한 일은 아니다. 가령 임용되어 발령받은 근무지의 이장里長이나 주민자치위원 및 지역의 다양한 사회단체 회원들과의 교류를 통해서도 가능한 일이다.

다만, 한 가지 경계해야 할 일은, 지역주민의 삶을 밀접하게 들여다보는 일과 '유착癒着'은 완전히 다른 일임을 구분하여야 한다. 공무원에게 지역사회에서의 유착은 법과 원칙을 상회하는 부도덕함과 부조리로 공무원 개인을 넘어 지역의 공직사회에 불신不信을 조성하게 만드는 큰 폐해를 제공하게 된다는 점을 잊어서는 결코 안 될 것이다.

1.3.3. 최고의 지식은 현장에 있다

모든 분야에서 중요하게 언급되고 있지만, 특히 사회복지 행정에서의 현장field은 언제나 솔루션solution이 있다고 봐도 무방하다. 즉 최고의 지식 학습터가 바로 현장이며 그 해결 방안과 해답도 현장에 있다고 할 수 있다.

앞서 언급한 것과 같이 '송파 세 모녀 사건'은 복지 사각지대 문제라는 새로운 사회문제를 널리 알리게 되었으나, 그 이후에도 비슷한 사례는 계속 발생하였다. 일례로 수원 세 모녀, 신촌 모녀가 숨졌으며 최근에는 송파에서 60대 여성이 고독사孤獨死로 사망에 이르는 사건이 발생하기도 하였다.

이 사건들의 공통점이라고 한다면 모두 지역사회와 왕래가 없었다는 점과 전기세, 수도세, 가스비, 건강보험료 등과 같은 공과금을 체납하고 있었다는 점이다. 결국 이를 계기로 2015년 12월부터 '행복e음 복지 사각지대 발굴시스템'을 통해 단전, 단수 등 약 45개의 각종 위기 지표 정보를 19개 기관으로부터 전달받아 복지 사각지대에 처한 위기 가구를 발굴하는 정책을 추진 중임에도 불구하고 비슷한 사례의 사건·사고는 계속 발생하고 있는 점은 아이러니irony라고 할 수밖에 없을 것이다.

이는 결국 현장에서 답을 찾지 못했음을 의미한다고 볼 수 있다. 흔히 사회복지 현장은 서비스 제공의 장場이라고 말하는데, 필자는 이보다는 문제해결을 위한 증거수집과 흔적 그리고 단서 등을 찾아 솔루션을 위한 열쇠를 찾는 '해석interpretation의 공간'이 되어야 한다고 말하고 싶다.

실제로 복지 사각지대로 통보된 주민의 집을 방문하게 되면, 기존의 복지 사각지대의 원인이라고 알고 있던 복지 관련 제도를 잘 알지 못해 복지 급여를 신청하지 못한 것이 아님을 쉽게 알 수 있으며, 오히려 사회복지 제도의 진입(신청 자격과 기준 등) 문턱이 지나치게 높고 까다로워 포기하게 된다는 사실을 알게 된다.

또한 신고된 거주지에 실제로 거주하지 않는 경우가 다반사인데, 이는 다양하고 과도한 부채debt 등으로 인해 주소지만 이전시키고 실제 거주하는 곳은 채권 추심債權推尋을 피해 숨어 지내는 경우가 예상외로 많다는 점에 놀라게 된다.

결국 현장에서 얻은 증거와 단서들로 구성된 지식을 통해 가장 효과적인 솔루션을 찾아야 하는데, 사회복지 서비스 불가 이유를 설명하고 이해시키는 것이 아니라, 어떻게 하면 이 위기 상황에서 벗어나게 하여 정상적인 삶으로 복귀시킬 것인가를 고민해야 할 것이다. 즉 전술한 바와 같은 현장에서는 사회복지 급여 제공과 더불어 금융복지

기관 연계로 과도한 빚 청산을 위한 노력과 안정적인 주거지 확보 및 지속적인 돌봄 자원 연계가 선행되어야 할 것이다.

근본적인 사실과 원인 파악 등의 살아있는 지식은 현장 행정이 아니면 알 수 없는 것들이 대부분이다. 즉 최고의 지식은 현장에 있다. 사회적 위기에 직면한 위기 대상자들은 대부분 지치고 쇠약해진 상태이다. 이들의 도움 요청에 현명한 대답을 위해서는 반드시 현장으로 달려가 사회적 약자가 처한 어려움을 객관적으로 해석하여야 한다.

따라서 사회복지 행정은 출장이 필수적이며 이를 통해 반드시 현장을 확인하고 판단하여야 한다.

커피 한 잔에 타이밍을 알 수 있다

CHAPTER 02

어차피 커피값은 팀장이 낸다
과감하게 제안해라
"팀장님! 커피 한 잔 어떠세요?"
그간 쌓은 배경지식을 뽐내고, 현안 사항을 공유하라
당신의 보고서가
아주 쉽게 '영점 조정(zeroing)'될 것이다

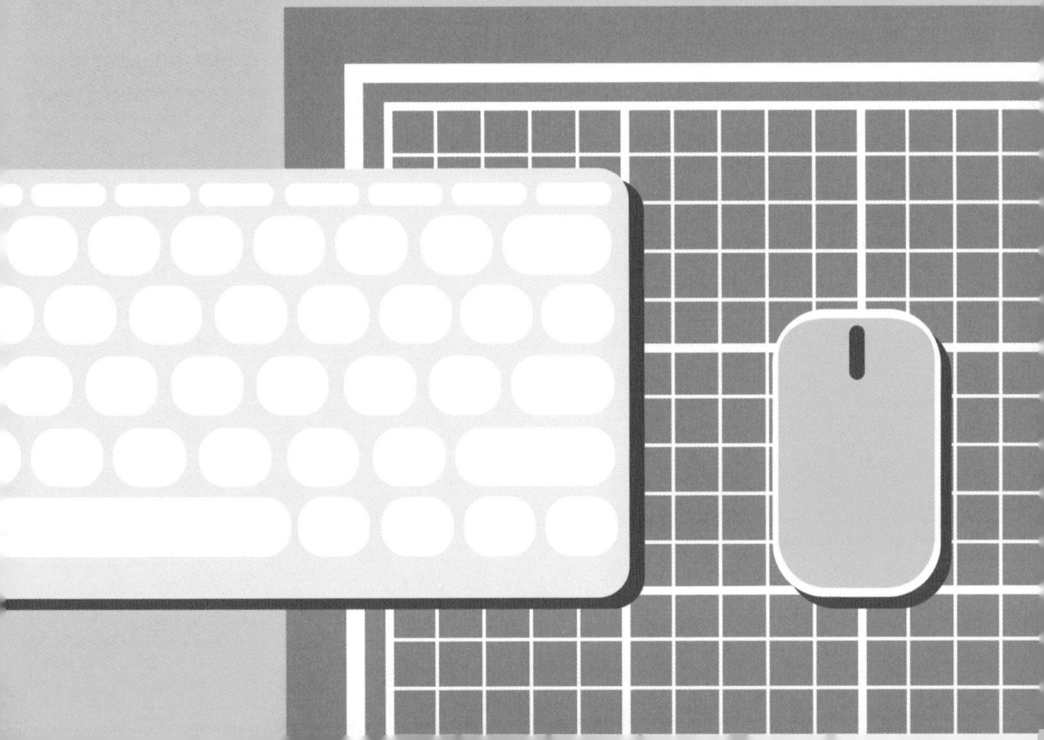

2.1
정보는 Top-Down이다

문제를 해결하는 방식 또는 의사를 결정하는 방법 등을 설명할 때, '탑-다운Top-down'과 '바텀-업Bottom-up' 등으로 설명하곤 한다. 말 그대로 '탑-다운'은 위에서 아래로 향하는 것이고, '바텀-업'은 아래에서 위로 향하는 것이다.

만약 의사결정의 경우라면, '탑-다운'은 최고 의사결정자의 결정에 따라 일사불란하게 신속한 사업을 수행하는 것을 의미하며, '바텀-업'은 실무진들의 의견을 두루 들어본 후 정제하고 취합하여 상급자가 결정하는 방식을 말한다고 할 수 있다.

그러나, 공직사회는 '바텀-업'보다는 '탑-다운' 방식이 주류를 이루고 있다. 물론 이따금 하위 직급의 주무관이나 실무진들의 의견을 묻는 경우가 있기는 하나 보통 중요하지 않은 내용이 다수이며 정책적 결정과 관련한 중요 사항은 지방자치단체장 또는 실장, 국장, 소장, 과장 등이 참여하는 간부회의를 통해서 결정되어 하달下達된다고 할 수 있다.

지방자치단체장은 4년 임기로 3기 내에서 계속 재임할 수 있는데, 통상 선거에서 유권자에게 공약公約을 제시하여 표를 얻어 선출된다.

당선된 지방자치단체장의 선거 공약집은 이후 재임하는 동안 실행을 위한 세부 사업으로 구분되고 구체화 되어 각 실·국·과·소로 배부된 후 실현이 가능하도록 추진계획이 작성되고 적용된다.

이런 일련의 과정에서 '탑-다운'과 '바텀-업'은 두루 활용되지만, 전술한 바와 같이 정책적 결정과 같은 중요 사항에서는 '탑-다운 Top-down' 방식이 주로 활용된다고 할 수 있다.

중요한 결정을 한다는 것은, 더 많은 정보를 근간으로 최상의 선택을 할 수 있는 환경 속에 있다는 것을 의미한다. 특히 공무원 조직과 같이 상하 직급과 직위가 명확한 곳에서는 더욱더 높은 직급이나 직위에서 낮은 직급과 직위로 중요한 정보가 흐르기 마련이다.

그러나 정보의 수직적 흐름이 최상위자로부터 최하위 실무자까지 그 양量과 질質이 중간에 유실되거나 변형됨이 없이 100% 유통된다면 정보의 비대칭은 발생하지 않을 것이다. 즉 정보는 위에서 아래로 흐르며 유실되고 변형되기 마련인데, 이런 정보의 비대칭 하에서 작성된 보고서는 누구도 만족시킬 수 없다.

즉 보고서의 정확한 목표 조준은 상사와의 의사소통, 즉 커뮤니케이션communication이 얼마나 잘 되었는가에 따라 확연한 차이를 보인다고 할 수 있다.

첫 발령을 받아 부서와 팀에 소속되어 업무를 시작하게 되면 가장 먼저 팀장의 업무 지시를 받게 되는데, 팀의 업무를 총괄하는 팀장은 과장과 국장 또는 센터장 등과 수시로 다양한 방식을 통해 소통하고 있다고 보면 된다. 바쁘게 돌아가는 업무의 일상에서도 본인이 수행하는 업무와 관련하여 수시로 팀장에게 묻고 피드백 받아야 하는 이유가 여기에 있다.

결국 핵심의 정보는 탑-다운Top-Down이며 팀장과의 소통이 보고서의 보고 내용을 정확히 '영점 조정zeroing' 할 수 있는 최고의 방법이라고 할 수 있다.

보고서의 영점 조정은 보고의 목적, 보고 내용의 범위 그리고 보고서 작성 시한, 보고의 라인이나 최종 보고는 어느 선까지인지 등을 알 수 있어 보고서 작성을 편리하게 하여주며 보고의 타이밍을 정확히 잴 수 있게 된다.

가령, ○○동주민센터 개청 70주년을 맞아 기념행사를 5월에 개최하기로 하였는데, 개최 시기가 5월이므로 어린이날과 어버이날 행사를 동반하여 통합 개최하기로 내부 논의 중이라고 하면, 팀장과 소통이 부족한 담당 주무관은 매년 어린이날과 어버이날 행사를 각각 개최했던 선례로, '제○회 어린이날 행사 개최 계획(안)'과 '제□회 어버이날 행사 개최 계획(안)'을 각각 분리하여 보고 한다면 정보의 흐름을 제대로 파악하지 못한 것이며 팀장과의 커뮤니케이션communication이 부족한 것이라고 볼 수 있다.

정보의 캐치catch는 정보의 흐름에 맞춰 신속하게 대응하는 역량을 가져다줄 수 있어 불필요한 행정력 낭비를 막을 수 있다. 미리 말해주지 않았다고 팀장님을 탓할 일이 아니다. 스스로 구하지 않으면 아무것도 얻을 수 없다.

2.2
아쉽지만, 기획보다 계획이 필요하다

공무원은 하는 일의 비슷한 성질에 따라 직군과 직렬, 직류 등으로 구분된다. 가령 지방직 공무원 행정직군에는 사회복지, 세무, 전산, 교육행정, 사서, 속기, 방호, 행정 등 8개 직렬이 있으며, 기술직군에는 시설, 방송 통신, 환경, 공업, 녹지, 방재안전, 위생, 식품위생, 농업, 항공, 시설관리, 운전, 조리, 수의, 해양 수산, 보건, 의료기술, 의무, 약무, 간호, 보건 진료, 간호조무 등 22개 직렬이 있다.

직군과 직렬에 따라 근무하는 주요 부서와 주요 업무가 각각 다르다고 할 수 있는데, 부서 배치 후 주로 업무분장에 따라 그 업무의 영역이 결정되게 되며 업무분장의 유형에 따라 때론 기획企劃이 때론 계획計劃이 필요할 수 있다.

그러나 한 가지 분명한 것은 직군별로 주요 업무가 각기 다르고 직렬별로 전문적인 업무를 하더라도 공무원 업무에서는 기획보다는 계획을 하는 횟수가 훨씬 많다고 할 수 있다.

물론 때때로 기획이 필요한 경우가 생기기도 하는데, 가령 기존부터 행하여 오던 사례를 찾아볼 수 없는 경우로 새로운 무엇인가를 해결하기 위해 그 필요성을 설득하고 이를 위한 방법과 전략 등을 새롭게 정해야 하는 경우가 그것이다.

예를 들어, 민선 ○기 공약사업 이행을 위해서 지방자치단체장이 '사회적 약자가 살기 좋은 지역사회 조성'이라는 과제를 제시했다고 하면, 사회복지를 주관하는 부서는 이의 실현을 위한 다양한 사회복지 정책의 아이디어idea를 냄과 동시에 목표를 제시하고 문제점 및 그 대안 등을 보고서로 검토하게 될 것이다.

이와 같은 유형은 정책보고서라고 할 수 있는데, 보통 이런 경우의 정책보고서는 기획(안)으로써 사업 수행의 실현 가능성과 타당성을 검토받게 된다고 할 수 있다.

그러나 지방자치단체에서 이 같은 경우의 '사회복지 정책보고서 기획(안)'은 흔하게 발생하는 사안은 아니다. 왜냐하면 보건복지부에서는 「사회보장기본법」 제26조에 따라 중앙행정기관의 장과 지방자치단체의 장은 사회보장제도를 신설하거나 변경하는 경우 보건복지부 장관과 협의하여야 한다는 규정을 두고 있기 때문이다.

즉 보건복지부에서는 각각의 중앙부처와 지방자치단체들이 산발적으로 정책을 남발하지 않도록 조정함으로써 사회보장 정책의 조화와 합리성을 추구한다고 볼 수 있다.

한편 계획은 공무원의 업무에서 매우 자주 쓰이는 보고서 유형이다. 계획은 미리 정해진 목적을 수행하기 위하여 그 절차나 방법 또는 수단 등을 정하는 일로 전략strategy이라는 말로 바꾸어 말할 수도 있다.

쉽게 말해서 사회복지행정과 관련한 각종 법령과 조례의 범위에서 추진되는 노인, 장애인, 아동 등의 각종 복지사업의 추진은 계획이라고 할 수 있다. 즉 법령과 조례에 근거한 사업 등은 '○○○ 지원계획', '□□□ 추진계획', '△△△ 지급계획' 등과 같이 작성된다고 할 수 있다.

> **국민기초생활 보장법 제23조(확인조사)**
>
> "시장 · 군수 · 구청장은 수급자 및 수급자에 대한 급여의 적정성을 확인하기 위해 매년 연간 조사 계획을 수립하고..."

가령 위와 같은 「국민기초생활 보장법」을 살펴보면, 매년 지방자치단체에 사회보장 급여와 관련한 연간 조사 계획을 수립하도록 규정하고 있는데, 이를 근거로 국민기초생활 수급자 급여를 관장하는 주관부서에서는 '20○○년 사회보장급여 통합조사·관리 추진계획'을 수립하고 시행하게 되는 것이다.

결국 앞서 언급한 바와 같이 지방자치단체의 복지 사무에서는 사실상 특별한 경우를 제외하고, '기획보고서' 보다는 '계획보고서'가 많은 수를 차지한다고 할 수 있다.

계획보고서가 필요하다는 것은 법과 조례에 근거하는 실행 방안과 절차 그리고 전략을 구체적으로 수립하여 일정한 목적을 달성하는 것이라고 할 수 있다. 즉 지금 논하는 계획은 지역복지 향상을 위한 효과적이며 효율적인 실행을 위한 것이라고 할 수 있으며 이를 위한 수단과 방법은 다음 장인 '제3장 실전은 선택의 문제'를 통해 자세히 설명하고자 한다.

2.3
일단 기다려라

배경지식을 쌓고 팀장님과 몇 번의 커피 타임으로 어느 정도 정보를 공유하고 영점 조정을 끝냈다면, 이제 현안懸案 사항 등 주요 업무에 관련한 보고서를 작성할 준비가 되었다고 할 수 있다.

그러나 성급하게 덤벼들 필요는 없다. 섣부른 보고서는 오히려 수정에 수정을 거쳐 결국에는 폐기될 운명에 처하거나 팀장님에게 “그냥 파일을 보내줄래?”라는 굴욕적인 답변을 들을 확률이 높기 때문이다.

보고서를 작성하기 위한 사전 준비가 되었다면, 일단 기다려라.

하루 이틀 기다리거나, 팀장님에게 보고서 작성 시기를 물어보는 게 좋다. 왜냐하면 보통 하나의 문제를 해결하기 위해서는 적게는 1~2개 부서 또는 많게는 4~5개 부서 또는 외부 기관이나 단체가 연관되어 있기 때문으로, 큰 틀에서 사업추진을 위한 역할 분담을 하거나, 재원(예산) 등의 마련과 관련된 사항 또는 기타 기관이나 관련 부서 등의 협의와 협력과 같은 조율tuning의 과정이 남아있기 때문이다.

이런 과정은 통상적인 실무진들의 업무 협의와는 그 결이 다르다고 할 수 있는데, 추진하기로 결정된 사업의 방향성과 로드맵을 큰 틀에서 스케치하는 과정으로 볼 수 있으며, 이와 같은 큰 범위 내의 대략적인 스케치가 된 후에서야 실무진들의 구체적인 업무 협의가 가능하고 그 결과로 보고서의 내용에 포함될 것과 버릴 것이 구체적으로 구분되기 때문이다.

가령, 기상청에서 다가오는 여름, 유례없는 폭염(暴炎)의 기후재난을 예보하였다면, 중앙부처를 비롯하여 지방자치단체는 이와 관련한 대책을 준비하면서 수시로 폭염에 따른 피해 최소화를 위한 점검 회의를 개최하고 공유할 것이다.

이를 통해 중앙정부는 특별교부세 등을 마련하여 폭염을 극복하기 위한 재원을 마련하게 될 것이며, 중앙부처 등은 각각의 대응 방안을 공유할 것인데, 예를 들어 보건복지부에서는 건강 취약계층인 노인과 거주지 취약계층인 쪽방 거주자를 중심으로 안전을 확보하겠다는 방안을 공유할 수도 있으며, 고용노동부에서는 야외에서 일하는 야외 근로자들을 위해 열사병 예방조치를 계획하거나, 산업통상자원부에서는 여름철 집중되는 전력 수급 문제해결을 위해 전력 수급의 문제를 고민하고 공유하게 될 수도 있다.

이와 같은 중앙정부와 중앙부처의 대응 현황을 공유하며 지방자치단체에서는 그 대책과 관련한 수준과 역량을 고려하게 될 것인데, 일례로 지방자치단체의 사회복지부서에서는 노인들의 건강을 위해 경로당을 무더위 쉼터로 지정한 후 냉방비 지원으로 거주지 취약계층을 위해 정기 안부 확인 전화를 늘리거나 돌봄서비스를 일시적으로 확대하는 방안 등을 시행할 수도 있을 것이다. 또는 지역별 인구 특성을 고려하여 폭염과 관련한 취약계층을 위한 긴급 복지지원 사업을 지역자원(예를 들어, 지방자치단체 출연 복지재단 등) 등을 통해 일시적 특화사업으로 운영할 수도 있을 것이다.

결국, 이와 같은 관련 부처와 지방자치단체 간 협의와 정책 연계성 등이 모두 고려된 다음에야 자신이 속한 부서나 팀에서 무엇을 해야 하는지 어떤 것을 할 수 있는지 등이 명확해진다고 할 수 있다.

영역과 업무를 달리하는 협의와 조율은 생각보다 수월한 일이 아니다. 그러나 걱정할 건 아니다. 앞서 설명한 것과 같이 정보는 위에서 아래로 흐르며 공동의 목표를 달성하기 위한 큰 틀의 협의와 조율은 의사결정자의 지시로 일사불란하게 다 정리되게 마련이다.

배경지식을 쌓고 지역사회와 소통하며 때를 기다려라. 큰 틀의 로드맵이 스케치 되고 팀장님의 보고서 작성 지시가 떨어졌다면 이제 추진계획 보고서를 신속하게 작성해 보자.

실전은 선택의 문제

CHAPTER 03

무(無)에서 유(有)를 창조하는 일은 없다
사회복지행정은 주민 욕구에 대응하기 위하여
사회정책을 공공 · 민간의 서비스나 재화(財貨)로 전환하는 것!
어떻게 전환(change)시킬 것인가가 곧 실전이며
실전은 선택의 문제이다

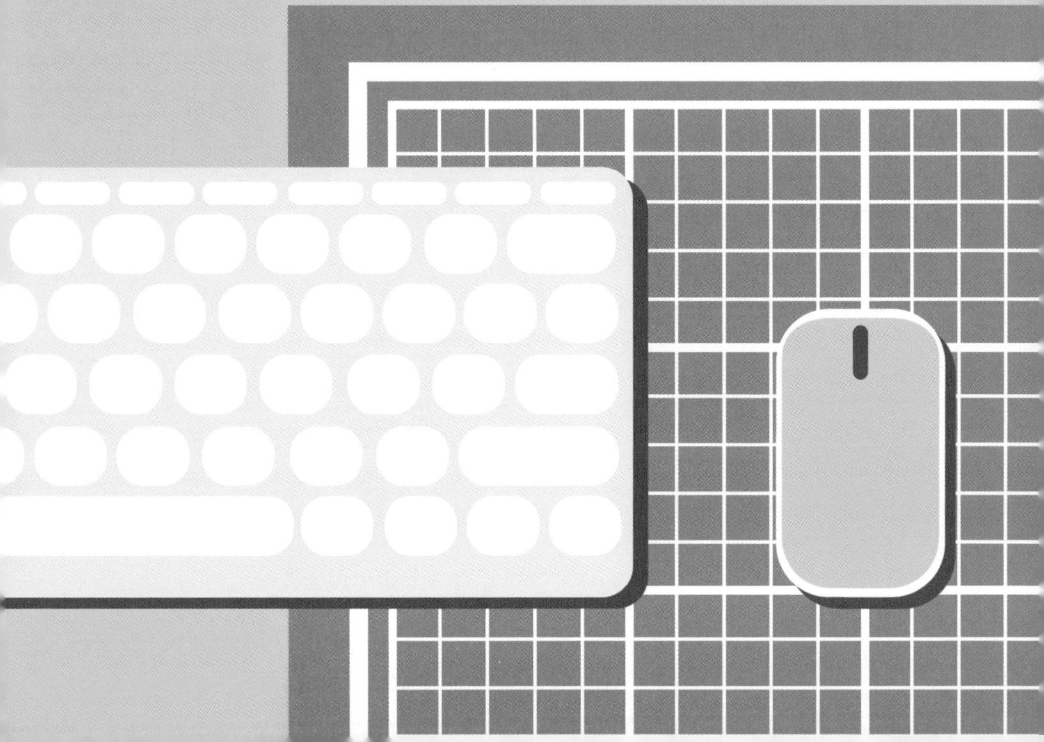

3.1
사회복지공무원 보고서는 특별해야 한다

2022년 한국행정연구원에서는 '중기 행정수요를 고려한 정부 기능 및 인력 전망'을 통해 향후 5년 내, 사회복지 분야와 국가안전 분야 공무원 인력을 각각 21.2%와 8.8% 증가해야 하는 것으로 전망하였으며 반대로 일반행정 분야 공무원 인력은 -14.8% 감소해야 하는 것으로 전망하였다.

상기 보고서에 따르면, 인구 고령화와 고용 불안정 등의 일자리 문제 그리고 사회적 약자 보호 등과 같은 기본적이고 인간다운 생활을 보장해야 하는 수요의 급격한 증가와 저출산低出産에 따른 인구 감소로 인해 사회복지 영역이 점점 커지고 있기 때문이라고 언급하고 있다.

물론 굳이 이런 연구 보고서가 아니더라도 요즈음과 같은 현실에서 사회복지공무원은 사회적 위험의 최전방에서 사회복지정책과 행정을 부지런히 계획하고 수행하며 주민복지 증진에 최선을 다하고 있음은 이루 다 말할 수 없는 사실임은 분명하다.

사회적 위험은 다양한 형태로 행복한 삶을 위협하는데, 주 소득자가 사망하거나 행방불명되어 남겨진 가구원들의 생계가 위태롭거나 가구구성원으로부터 방임, 유기, 학대를 받는 경우 또는 실직, 휴·폐업 등으로 소득이 상실되거나 근로 능력의 상실 등으로 의식주衣食住 등의 생계가 곤란해진 경우 등 사회적 안전망이 필요한 위험들은 점점 더 복잡해지고 새로운 유형으로 출현하고 있다.

이처럼 오늘날 급변하는 사회환경에 대응하는 사회안전망 확보를 위한 인력은 사회복지 공무원이 전적으로 담당하게 됨에 따라, 사회복지 공무원은 과거의 국민 기초생활 보장사업의 수급자 생활 보장에만 주력하는 단순 업무에서 벗어나 사회보장 욕구를 가진 모든 시민(주민)의 행복한 삶을 만드는 복지사업과 그 이상의 지역사회복지 비전과 로드맵을 그리는 수준 높은 사회복지정책과 행정 역량을 보여야 하는 기대 또한 높아지고 있는 게 사실이라고 할 수 있다.

사회복지공무원의 첫 시작은 1987년 별정직 7급 사회복지 전문요원제도를 통해 처음 도입되었다. 이후 1992년 사회복지사업법이 일부 개정되면서 사회복지 전문 요원에서 사회복지 전담 공무원으로 명칭이 변경되었으며, 1999년 국민기초생활보장제도 시행을 앞두고 일반직공무원인 사회복지직 공무원으로 전환되었다.

이후부터 사회복지직 공무원은 꾸준히 복지 사무의 영역을 확장해 왔으며, 특히 복지 사각지대 해소, 읍면동 찾아가는 복지서비스 구축 등과 같은 공공 복지행정의 발전에 크게 기여했음은 주지의 사실이다.

오늘날 사회복지공무원은 복지라는 거대 프레임frame 안에서 사회적 위험 등으로부터 인본주의와 전문성을 기반으로 인간의 존엄성을 존중하며 인간다운 생존권과 더불어 행복한 삶을 보장하기 위한 보편적 공공 복지행정의 과제를 수행하여야 하는 과제를 안고 있다고 할 수 있다.

결국 위와 같은 과제의 성공적인 실현을 위해서는 사회복지공무원의 보고서는 무엇보다 특별해야 하는데, 이는 '누구에게 줄 것인가', '무엇을 줄 것인가', '어떻게 전달할 것인가' 그리고 '필요한 재원은 어디서, 어떻게 조달할 것인가'를 반드시 포함한 보고서 작성으로 그 특별함을 갖출 수 있다고 할 수 있다.

한편 위와 같이 제시한 사회복지공무원 보고서의 특별함을 더해줄 4가지 요건은 사회복지 정책분석모형을 제시한 '길버트와 테렐 Gilbert & Terrell'의 사회복지정책을 분석하는 네 가지 선택의 차원인 할당, 급여, 전달체계, 재원을 활용한 것으로, 사회복지 공무원 보고서 기본 틀과 설계의 중요한 핵심 요소라고 할 수 있다.

3.1.1. 누구에게 줄 것인가

'누구(Who)에게 줄 것인가'의 문제는 누구에게 혜택을 줄 것인가의 문제로 사회적 급여 대상자를 누구로 선택하는가의 문제라고 할 수 있으며 길버트와 테렐은 이를 할당allocation이라고 하였다.

사회복지공무원의 복지사업 보고서에서는 복지서비스를 누구에게 줄 것인가의 문제는 굉장히 중요한 선택의 문제인데, 통상 계획서나 보고서에서는 '사업대상' 또는 '지원대상' 등으로 표현할 수 있다.

가령 다자녀가구를 대상으로 학습지원비를 보조하는 사업을 계획한다면, 사업대상 또는 지원대상을 자녀를 둔 모든 가구로 할 것인지 아니면 2명 이상의 자녀 또는 3명 이상의 자녀를 둔 가구로 할 것인지 등을 선택해야 하며, 다자녀가구의 자녀수를 선택하였다고 하면 소득과 재산을 따지지 않고 자녀 수 기준에 적합하면 모두 학습지원비를 지원할 것인지 또는 기준 중위소득 등을 기준(예를 들어 기준 중위소득 ○○% 이하)으로 지원대상 가구를 선별할 것인지 등을 선택해야 한다.

【 지원대상 = 선별 주의 】

□ 사업개요

❍ 지원대상 : ○○○시 거주자로 다자녀(○자녀 이상) 저소득 가구
- (거주기준) 20○○. ○. ○.부터 현재까지 ○○○거주하는 가구
- (소득기준) 기준 중위소득 ○○% 이하 가구

이와 같은 분배 대상을 선택하는 문제는 사회복지 급여와 서비스 전달의 방법 그리고 재정의 문제까지도 상호 연계됨에 따라 하나의 영역에서만 고려하고 판단할 문제는 아니며, 뒤따르는 급여와 전달체계, 재원의 문제를 함께 고려함과 동시에 정책적 판단과 행정 수행을 위한 주변의 여건과 환경을 종합적으로 판단해서 선택할 문제라고 할 수 있다.

【 사업대상 = 보편주의 】

□ **사업개요**

❍ 사업대상 : ○○시에 ○○○○을 두고 ○○하는 모든 시민

앞서 언급한 것과 같이, 보통 보고서 지면상에서는 '지원대상', '사업대상' 또는 '신청대상' 등으로 표현할 수 있는데, 사회복지정책을 분석하는 대표적인 분석 틀을 제시한 길버트와 테렐은 위와 같은 선택의 문제를 전통적으로 선별 주의와 보편주의로 설명하고 구체적으로는 귀속적 욕구, 보상, 진단적 차등, 자산조사에 의한 욕구 등으로 세분하기도 하였다.

그러나 본 책에서 말하고자 하는 사회복지 사업 보고서만의 특별함은 보고서를 생산하는 지방자치단체 또는 그 부서의 정책적 판단과 가용 자원의 한계 등 무수히 많은 선택적 차원에서 가장 적절하고 정책 효과성이 높은 수급 자격의 대상을 명확하게 설정한 후 합리적인 논리 제시로 행정 실현 가능성을 높여야 함을 말한다고 하겠다.

결국 이와 같은 고민과 선택 그리고 논리 등이 합리적으로 반영된 보고서라야 보고서의 보고 중단stop 등과 같은 보고서의 좌초failure를 막아낼 수 있으며 실천 가능성 있는 보고서가 될 수 있을 것이다.

3.1.2. 무엇을 줄 것인가

'무엇What을 줄 것인가'는 제공하는 서비스 유형 또는 종류를 무엇으로 할 것인가의 문제로 보통 사회적 급여를 말하며, 길버트와 테렐은 이를 급여provisions라고 하였다.

급여의 형태로는 가장 대표적인 유형으로 현금이나 현물 등이 있으며 또는 바우처voucher 형태로 줄 수도 있으며 기회opportunity나 서비스services 등과 같은 무형無形의 급여로 줄 수도 있다.

가령, 취약계층 가구의 자녀들이 잦은 결식meal skip으로 건강한 청소년기를 보내지 못하고 있다면, 취약계층 가구의 자녀들을 위한 식사 지원을 위한 사업을 계획할 수 있을 것이다.

그러면 앞서 언급한 바와 같이 누구에게 줄 것인지를 결정한 후 무엇을 줄 것인지를 선택하고 결정해야 하는데, 매월 10만 원씩 현금을 줄 수도 있을 것이며 밥, 국, 반찬 등의 현물을 정기적으로 제공하거나 거주지 인근 식당에서 식사 후 바우처voucher 카드로 식사비를 결제하는 방법도 가능할 것이다.

【 지원내용 = 현금 】

□ **사업개요**

- 지원대상 : ○○○○
- 지원내용 : ○○, ○○ 식사비 지원 (※ ○식 : ○,○○○원)
  - (○○ 지원) ○○일, ○○일 및 ○○ 중에 해당

그러나 지급된 현금이 식사비로 쓰이지 않고 유흥비로 탕진되거나 밥, 국, 반찬 등의 도시락과 같은 현물을 선호하지 않는 경우 또는 바우처voucher 카드 사용으로 지역사회에서 낙인stigma되는 일이 발생된다면 정책 효과를 기대하기 어려울 뿐만 아니라 모든 사람이 보장받아야 할 인간 존엄성 존중이라는 대원칙 또한 현저히 떨어지는 상황에 직면할 수 있을 것이다.

【 지원내용 = 현물 】

□ **사업개요**

❍ 사업대상 : ○○○○

❍ 사업내용 : ○·○·○○(1종), ○○○○(1종)

- (주 ○회) ○, ○, ○ 각 1회 지원

따라서 보고서에 담길 사회복지정책과 행정을 위한 사업계획에서 누구에게 사회복지 급여를 줄 것인가를 선택하고 결정하는 문제는 하고자 하는 복지정책과 행정 서비스 대상, 즉 복지 수혜자의 욕구에 근거하여야 한다.

예컨대, 가정위탁 종료로 이제 막 사회에서 홀로서기를 해야 하는 청년이 있다고 하면, 이 청년에게는 가정이라는 울타리가 갑작스레 사라져 버려 어려울 때 도움을 요청할 지지자와 안정적인 거주지 그리고 경제적 여건과 앞으로의 진로 문제 등이 가장 큰 고민이 될 수 있을 것이다.

쉽게 말해, 자립을 준비하는 청년에게는 위와 같은 사항들이 가장 큰 욕구라고 할 수 있는데, 만약 이런 욕구를 파악하지 않고 후원 물품이라며 단순히 김치, 라면, 커피 등의 부식을 일방적으로 지원하거나 홀로 사는 청년의 생일이라며 생일 케이크를 전달하는 일과 같은 서비스를 계획하고 실천하는 일은 사회복지정책과 행정의 투입 대비 산출의 효과성을 기대하기가 어렵다고 할 수 있을 것이다.

실제로, 오랜 노숙 생활 후 자신의 고향 지인들로부터 마을 내內 빈집을 무상으로 대여rent받아 정착 생활을 시작한 노인에게 김장김치, 밥, 반찬 등의 식사를 할 수 있는 후원 물품을 정기적으로 전달하였으나, 한참 후 노인이 식중독으로 병원에 입원하고 나서야 그 노인의 집에는 냉장고가 없었다는 사실을 알게 되었다면 '이런 낭패failure가 또 있을까'하고 좌절挫折하게 될 것이다.

한편 사회복지 행정을 비롯한 대다수의 정책 집행과 행정 수행은 주민의 욕구뿐만 아니라 정책 효과성 또는 효율성을 고려하지 않을 수가 없는데, 이는 공공행정의 재정도 결국은 전 국민(시민, 주민)의 조세tax에 의한 예산으로 운영되기 때문이라고 할 수 있다.

따라서 사회적 급여는 사회복지 대상자들의 욕구와 더불어 납세자 본인이 낸 세금이 어떻게 쓰이고 있는지를 관심 있게 살펴보고 있다는 전제前提로 사회적 급여 종류를 선택하고 결정해야 할 것인데, 이는 사회복지 급여가 보편적 급여가 아닌 대다수 선별적 급여라는 특징을 고려하여 고민하고 선택해야 할 것이다.

결국 사회복지정책과 행정을 위한 사업 보고서의 급여(누구에게 줄 것인가) 선택은 복지 대상자의 욕구와 지방자치단체와 지역사회가 처한 환경 및 재정적 여건에 따라 달라질 수밖에 없다고 할 수 있다.

즉, 모든 시민을 대상으로 하는 서비스인 경우가 아닌 특정한 대상에게만 지급되는 사회복지 급여를 계획하였다면 수혜대상자의 욕구에 근거한 급여 종류를 선택하고 결정함과 동시에 대다수 시민의 정서상 거부감을 최소화할 수 있는 급여를 선택하여야만 정책의 성공을 기대할 수 있을 것이다.

3.1.3. 어떻게 전달할 것인가

사회복지 서비스를 누구에게 줄 것인가와 무엇을 줄 것인가를 결정하였다면 이제 그것을 '어떻게 전달할 것인가'를 선택하고 결정하여야 한다. 길버트와 테렐은 이를 전달체계delivery라고 하였는데, 이는 사업 보고서에 담긴 궁극의 목표를 달성하기 위해 '전달체계delivery'를 어떻게 조직하여 목표한 대상자에게 사회적 급여를 효율적이면서 효과적으로 전달할 방법을 고민하고 선택하는 일이라고 할 수 있다.

가장 쉬운 접근방법으로 공공의 영역에서 시청, 군청, 구청에 소속되어 있는 행정복지센터 및 읍면동 주민센터를 통한 전달체계를 고려할 수 있는데, 이는 가장 흔한 접근방법이면서 저항이 가장 적은 방법이라고 할 수 있다.

주민센터는 과거 동사무소였으나 2007년에 그 명칭을 변경하여 지역주민 서비스 기관으로 새롭게 출범한 최일선 공공 행정기관이라고 할 수 있으며, 행정복지센터는 주민센터가 복지와 행정 수요가 대다수를 차지하자 주민 욕구에 따라 복지 허브화를 위해 그 명칭을 행정복지센터로 변경한 것이라고 할 수 있다.

【지원방법 = 공공영역】

□ **사업개요**

❍ 지원대상 : ○○○○

❍ 지원내용 : ○○○○

❍ 지원방법 : ○○○ ○○○ 신청에 따른 ○○ 계좌 입금

- (신청) ○○○복지과 유선 의뢰 또는 읍면동 방문 신청

그러나 이와 같은 공공의 행정기관으로만 전달체계를 조직하는 일은 정책과 행정의 성공적 실현을 위한 접근성 향상에서는 다소 부족한 면이 있다고 할 수 있다.

쉽게 말해서 사회복지 행정의 전달체계는 공공영역과 더불어 지역사회의 민간영역 또는 민간기관을 전달체계로 활용할 필요가 있는데, 이는 복지 급여 제공자와 수급자가 만나는 소통communication의 장場이 공공영역보다 민간영역 또는 민간기관이 위치한 지역사회에서 더 유연하고 활발할 뿐만 아니라 그 접근성의 효율성과 대상자 선정의 적절성과 유연성 면에서도 공공영역보다 더 탁월하다는 장점이 있기 때문이다.

지역사회에 존재하는 민간 전달체계로는 복지재단 등과 같은 비영리 법인이나 지역사회 봉사단체 그리고 각종 사회복지시설(종합사회복지관, 노인복지관, 장애인복지관 등) 등 다양한 수행 주체가 있을 수 있는데, 공공 전달체계에 더하여 이들과의 협업collaboration 체계를 통한

다면 더 나은 복지서비스 전달체계를 이룰 수 있다.

어떻게 전달할 것인가의 문제는 '지원방법', '지원체계' 또는 '추진방법'이나 '추진체계' 등으로 표현할 수 있는데, 사회복지 대상자에게 전달할 급여의 지원 방법 및 절차 등에 관한 사항을 명시적이고 개괄적으로 표현하여야 한다.

【 지원 방법 = 민관합동 】

☐ **사업개요**

- 사업대상 : ○○○○
- 사업내용 : ○○○○
- 지원방법 : 민관합동 ○○방문 통한 ○○ 전달 (※ 안부 확인 모니터링 병행)
  - (권역별 거점 기관) ○○복지관, ○○복지재단, ○○자원봉사센터, ○○복지관

결국, 어떻게 전달할 것인가의 문제 역시 공공과 민간이라는 선택의 문제가 될 수 있을 것이며, 이 또한 각각의 장단점이 혼재되어있어 쓰임새 있는 보고서 작성을 위해서는 주변 여건과 환경을 충분히 고려한 후 선택하고 결정해야 할 것이다.

그러나 필자의 경험적 지식에 근거하여 말한다면 전달체계를 선택하는 일은 '손이 많으면 일도 쉽다' 또는 '열의 한술 밥이 한 그릇 푼푼하다'라는 속담이 결코 거짓말은 아니라는 것이다.

한편, 사업대상과 사업내용을 합리적으로 잘 선택하고도 계획서나 보고서에서 다음의 사례와 같이 '지원방법', 즉 전달체계를 빠트리는 경우가 종종 발생하곤 하는데, '지원방법'의 부재는 사업 수행기관

이나 부서 등의 업무 핑퐁으로 번져 결국에는 본 사업과 관련한 전달을 누가 할 것인가로 다툼과 분쟁이 발생할 수 있어 명확하게 언급해 주어야 할 필요가 있다.

【 지원 방법 = 생략 사례 】

☐ **사업개요**

- ❍ 사업대상 : ○○○○
- ❍ 사업내용 : ○○○○
- ❍ 이용방식 : 대상자 ○○ 후 필요 서비스 ○○ 선택
- ❍ 지원기간 : ○개월
- ❍ 소요재원 : ○○○천원

또한 위와 같은 사례의 경우에는 사업대상자가 서비스를 어떻게 이용할 수 있는지를 '이용방식' 항목으로 부연 설명한 것인데, 사업계획 보고서는 내부 의사결정의 과정이므로 상기와 같은 부연 설명은 사업계획이 확정된 후 시행하기 위한 시행문이나 홍보용 브로슈어 brochure 등에 실리는 편이 더 나은 선택일 것이다.

사회복지정책과 행정의 실천은 공공영역에서의 단편적인 문제가 아니며 앞서 설명한 바와 같이 복지서비스의 공급과 소비의 유연하고 활발한 전달은 공공영역보다 민간영역인 지역사회에서 더 효율과 접근성이 극대화되는 것은 사실이다.

따라서 전달체계를 선택할 때는 공공과 민간영역을 모두 고려할 필요가 있으며 가장 이상적인 전달체계 선택은 공공영역과 민간영역의 상호협력체계 구축이라고 할 수 있다.

3.1.4. 재원은 어디서, 어떻게 조달할 것인가

누구를 대상으로 어떤 급여를 어떻게 전달할 것인지를 선택하고 결정하였다고 하더라도, 이를 운영할 재원(재정)이나 지원할 예산budget이 뒤따르지 않는다면 아무리 좋은 정책적 보고서도 행정적 실행까지 이루어지지 않을 수 있다.

이를 길버트와 테렐은 재원finance의 출처라고 하였으며 사회복지 서비스 제공에 필요한 재정 또는 재원을 어떻게 조달할 것인가는 재원 조달의 형태와 원천에 대한 선택의 문제라고 하였다.

사회복지정책 및 행정 수행을 위한 재원은 큰 틀에서 공공재원과 민간재원으로 나눌 수 있다. 공공재원은 조세 방식을 통해 충당되며 민간재원은 기부금, 후원금 및 이용료, 모금 등과 같이 다양한 형태를 지니고 있다고 할 수 있다.

사회복지 재원 구분

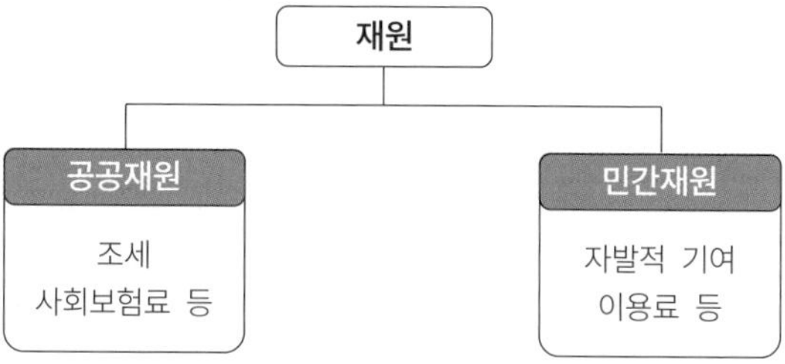

공공재원은 국가가 강제적으로 부과하고 직접 조달하는 자금으로 통상적으로 조세tax라고 할 수 있는데, 그렇다고 하더라도 지방자치단체에서 제한 없이 국가의 재원을 가져다 쓸 수는 있는 구조는 아니다.

【 소요예산 = 공공재원 】

□ **사업개요**

❍ 사업대상 : ○○○○
❍ 사업내용 : ○○○○
❍ 지원방법 : ○○○○
❍ 소요예산 : ○,○○○천원 (도비 ○○%, 시비 ○○%)

예컨대 ○○시市에서 국민기초생활보장 사업을 수행하기 위해서 1,000억 원의 예산액이 필요하다고 가정한다면, 1,000억 원의 예산을 마련하기 위해서는 국비 90%, 도비 7%, 시비 3%가 분담되어 매칭되는데, 그럼 국가에서 국가보조금 900억 원, 도道에서 70억 원, 시市 자체 재원으로 30억 원을 마련하여야만 사업 수행이 가능하게 된다.

그나마 지방자치단체 부담 비율이 적다면 한결 나은 상황이나 국가보조금의 비율은 지방자치단체 유형별로 40%~90%까지 다양하게 보조되고 있어, 만약 지방자치단체의 재원 부담 비율이 높은 사업이라면 사업 수행에 상당한 어려움을 겪게 될 수밖에 없다.

한편 지방자치단체의 자체 재원만으로 추진되는 복지사업도 존재하는데, 이런 경우 앞선 국고보조금 사업보다 사회복지 사업추진 계획보고서 작성에 앞서 재원 마련에 상당히 깊은 고민을 몇 배로 하여야 하며 예산부서의 사전 협의와 협조가 필요할 수 있다.

왜냐하면, 2023년 행정안전부에서 발간한 '지방자치단체 통합재정 개요'를 보면 지방자치단체 재정자립도는 전국적으로 평균 50.1%로 조사되었으며, 특별시 79.4%를 제외하고, 광역시 50.1%, 도道 39.2%, 시市 32.3%, 군郡 16.6% 등을 평균적으로 기록하고 있어 지방자치단체 재정자립도는 심각한 수준이라고 할 수 있기 때문이다.

재정자립도란 재정수입의 자체 충당 능력을 알 수 있는 것으로, 일반회계의 세입 중 지방세와 세외수입의 비율로 측정하여 그 비율이 높을수록 세입 징수기반이 좋다는 것을 의미하며, 궁극적으로 재정 운영의 자립 능력이 우수하다는 것을 의미한다고 볼 수 있다.

민간재원은 자발적 기여가 가장 대표적인데, 이는 지역사회의 개인, 법인, 기업, 단체 등이 특별한 반대급부compensation 없이 사회적 약자를 위해 자발적으로 기부하는 행위를 말한다.

물론 지방자치단체는 「기부금품의 모집·사용 및 기부문화 활성화에 관한 법률」에 따라 기부금품의 모집은 금지되어 있음을 알아야 한다. 다만 자발적 기탁금·품의 경우 직접적인 행정 목적의 수행에 필요한 경우에 한정하여 각 지방자치단체는 '기부 심사 위원회'의 심의를 거쳐 접수가 가능한 여력을 남겨 놓기는 하였으나 실무상 흔히 발생하는 일은 아니다.

따라서 사회복지 재원으로 민간재원의 기부금이라고 한다면, 사회적 약자에게 직접 제공되거나, 또는 사회복지법인, 사회복지재단 및 사회복지 시설 또는 기관 등으로 기부된 후 민관협업 사업계획에 따라 사업 수행 재원으로 활용된다고 할 수 있다. 그러나 민간재원은 경제 상황에 따라 조달할 수 있는 여건의 변동이 심하게 요동치는 한계를 가지고 있어 사업의 지속성을 장담할 수 없는 단점을 지니고 있다.

【 재정부담 = 민간재원 】

□ **사업개요**

❍ 사업대상 : ○○○○

❍ 사업내용 : ○○○○

❍ 지원방법 : ○○○○

❍ 재정부담 : ○,○○○천원 (※ △△△사회복지○○○○ 지정기탁금 ○○○%)

사업계획 보고서 작성 시 재원을 어디서, 어떻게 마련할 것인가는 '소요예산', '사업예산' 또는 '사업비', '재정부담' 등으로 표현되는데, 이를 위해서는 공공재원과 민간재원 또는 두 재원의 연합unite 등을 고민하고 선택해야 할 것이다.

사업계획 수립에 앞서 자신이 속한 지방자치단체의 예산부서를 통해 사업 수행 여력을 위한 재정 여건 등을 확인함과 동시에 지역사회의 민간자원 동원 가능성 등을 꼼꼼히 따져볼 필요가 있다.

결국 사회복지 사업계획보고서는 위와 같은 고민을 통해 사회복지 분야의 재정지출에 있어 선택과 집중을 통해 효율성과 효과성을 극대화하기 위해 가장 합리적인 선택과 결정을 하여야 한다.

3.2
제목만 보고도 알아야 한다

무비 트레일러movie trailer라는 말이 있다. 즉 영화 예고편을 일컫는 말인데, 트레일러라는 용어가 '뒤에서 따라다니는 것'을 뜻한다는 것에서 추론해 보면, 영화 상영 전에 홍보를 위해 가장 인상적이고 영향력impact 있는 장면으로 예고편을 띄우는 것이라고 할 수 있다.

이처럼 아주 짧은 영화 예고편을 보더라도 그 영화가 다루고자 하는 주제나 소재 등을 쉽게 알 수 있게 되는데, 이는 우리가 지금 쓰고자 하는 보고서의 제목 역시 무비 트레일러와 같다고 할 수 있다.

즉 보고서의 제목만 보고서도 말하려고 하는 방향과 사업의 유형 그리고 논점 등을 짐작할 수 있어야 한다. 쉽게 말해서, 보고서 제목을 통해 뒤로 이어지는 본문의 전개를 충분히 짐작할 수 있어야 하며, 다루고자 하는 핵심 주제를 예측할 수 있어야 한다.

따라서 보고서 제목은 사업의 핵심 키워드가 무엇인지 알 수 있도록 쉽고 명쾌해야 하며 제목을 통해 사업명을 알 수 있어야 한다.

가령 사회복지시설 종사자들의 사기 진작과 역량 강화 도모를 위하여 市 자체 재원으로 워크숍을 추진하는 계획보고서를 작성한다면, 보고서의 핵심은 사회복지시설 종사자, 역량 강화, 워크숍 등이 될 것이며 뒤이은 본문의 내용은 워크숍 일시, 대상, 내용, 추진 방법과 장소, 소요 예산 등이 뒤따를 것이므로, 이와 같은 보고서 제목은 '사회복지시설 종사자와 워크숍 개최'가 키워드로 기재되고 표현되어야 할 것이다.

【핵심 키워드(포함/미포함) 보고서 제목】

(핵심 키워드 미포함)

사회복지시설 종사자 서비스 질적 향상을 위한 역량 강화 추진계획

(핵심 키워드 포함)

사회복지시설 종사자 워크숍 추진계획

/

사회복지시설 종사자 역량 강화 워크숍 추진계획

이와 더불어 본 제목을 보충하는 타이틀을 더하여 계획서나 보고서 제목의 내용을 더 구체적으로 설명하는 방법도 있는데, 이는 부제를 활용하는 방법이다. 부제副題는 부제목을 줄여서 표현한 것으로 통상 서브 타이틀subtitle이라고 부르며 제목에 덧붙여 그것을 보충하는 제목이라고 할 수 있다.

【부제를 활용한 보고서 제목】

- 사회복지서비스 전문성 향상을 위한 - 사회복지시설 종사자 역량 강화 워크숍 추진계획

이처럼 부제를 통해 이번 워크숍 추진계획이 사회복지시설 종사자들의 감정노동에 대한 위로나 힐링을 위한 목적이 아닌 직무의 전문성과 사회복지 역량 강화가 주목적임이 더욱 명확해졌다고 할 수 있다.

보고서 제목의 크기는 통상 20pt 내외로 설정하나 절대적인 사항은 아니므로 임용 기관이나 발령지의 조직 관례에 따르면 될 것이며 본문의 글자 크기에 따라 보고서를 구성하는 각 항목의 글자 크기를 권고하는 20pt보다 크거나 때론 작게 탄력적으로 조절하여 보고서에 따라 조화롭게 설정할 필요가 있을 것이다.

제목의 글자 수는 앞서 권고한 20pt로 하는 경우 최대 23자까지 가능하나 띄어쓰기를 고려하고 보고서의 간결성을 위해 조사, 수식어 등을 생략하여도 가능한 18자 이내의 명료한 문장으로 기재하는 것을 추천한다.

3.3
배경은 간략하고 직선적으로

계획을 하고 보고서를 작성하여 보고를 하는 행위는 분명 이루고자 하는 목적이 있기 마련이다. 그 목적은 배경 안에 놓여있을 때 더욱더 선명해진다고 할 수 있는데, 이런 사유로 보고서 제목 이후 글상자(background-box : 이후 'B-box'라고 하고자 함)를 통해 보고의 배경과 목적 그리고 보고서 작성의 이유를 최대한 간략하고 직선적으로 표현할 필요가 있다.

예컨대 다음의 (A)와 같은 보고 배경은 전 세계에 불어닥친 기후위기에 대응하여 우리도 대비하자는 것인데, 이 보고의 주체가 재난안전부서인지 복지부서인지 알 수가 없을뿐더러 누구를 대상으로 어떻게 대비하자는 것인지 쉽게 파악하기 어렵고 짐작하기도 쉽지 않다.

반면, (B)의 경우에는 2024년 여름이라는 정확한 계절과 시기를 앞두고 선제적 조치로 주거 취약계층 집중발굴 기간 운영으로 폭염暴炎에 취약한 노인, 장애인, 쪽방 거주와 같은 대상자를 사전에 발굴하고 이들이 폭염에 따른 생활의 어려움과 건강 피해 최소화를 위한 대책을 사전에 보고하는 사항이라는 명확한 배경을 이리저리 둘러대지 않고 직선적으로 표현하고 있다.

【보고 배경 = 간략하고 직선적 표현】

- …○○○○ △△△△… - … □□□□ ◇◇◇◇ ◎◎◎◎ … 추진계획

(A)

최근 전 세계에 불어닥친 기후 위기로 보이지 않는 죽음인 '폭염' 대비에 만전을 기하고자 보고하는 사항임.

⮟

(B)

2024년 하절기 '폭염' 피해가 우려되는 노인, 장애인, 쪽방 거주자 등을 사전 발굴하고 피해 최소화를 위한 지원 대책을 사전 보고하는 사항임.

특히 지방자치단체장이 업무보고를 받거나 간부회의를 주재하면서 당면한 주요 현안 사항에 대한 처리 및 대책을 마련하라고 주문하였다면, 통상 '지시사항'으로 관리되기 시작하는데, 이때 지시사항의 주요 사업을 담당하는 주관부서는 그 어떤 과제보다 신속하게 검토하여 추진계획을 수립하여 보고하여야 한다. 보통 지방자치단체에서 지시사항이란 시장이나 군수 등이 각종 회의나 보고의 자리에서 주요 현안 사항 등을 본청 및 산하傘下의 기관 등을 포함하여 지시하는 모든 사항을 말한다고 할 수 있다.

아래와 같이 지방자치단체장의 지시사항을 수명受命하여 작성된 보고서의 추진 배경에는 지시사항임을 명확히 밝히고 지시한 날짜, 장소 그리고 지시 요지要旨 등을 기재하는 것으로 보고서 목적과 작성 배경을 알 수 있게 하면 된다.

【보고 배경 = 지시사항】

- …○○○○ △△△△… -
… □□□□ ◇◇◇◇ ◎◎◎◎ … 추진계획

【지시사항】 20○○년 ○월 ○일 (※ 간부회의 시)
❍ ○○ 중 ○○급식 ○○으로 ○○아동 보호 대책 마련

참고로 지시사항과는 별도로 '훈시訓示 사항'도 있는데, 훈시는 단어 풀이 그대로 '윗사람이 아랫사람에게 직무를 처리할 때의 주의할 점을 알려주는 것'의 의미로 통상적으로 훈시 사항은 구체적인 계획 수립과 보고를 별도로 하지 않아도 되며, 모든 직원을 대상으로 그 내용을 공람하거나 교육 등을 통해 전파하여 그 효과를 제고시키게 된다.

보고서의 배경을 어떻게 작성하는가에 따라 보고서를 검토하는 결재권자의 피드백 방향이나 결정의 내용이 달라지기 마련인데, 그 이유는 보고서 작성 배경이 바로 문제해결 방법과 근거에 직접 연결되기 때문이다.

간혹 추진 배경을 언급하며 시작한 문장이 어느덧 다음 줄부터 현황을 다루고 있는 경우가 생기곤 하는데, 현황은 통계와 데이터를 기반으로 사실을 다루는 항목이지만 추진 배경은 현황을 근거로 보고자의 가치 판단이 포함됨과 동시에 이에 따른 정책 형성과 행정 행위의 방향성을 담고 있으므로, 되도록 현황자료는 참고자료에 기재하는 편이 좋다.

3.4
개요가 핵심이다

개요outline는 사전적 의미로 '간결하게 추려낸 주요 내용'으로 설명되며 유의어synonym로 총론, 요점, 요약, 줄거리 등을 언급할 수 있다. 즉 개요는 보고서의 내용을 요약한 것이며 긴 이야기를 군더더기 없이 짧게 핵심만 남겨 놓은 것이라고 할 수 있다.

따라서 개요는 포괄적이면서도 압축적이어야 한다. 보고서의 제목 다음으로 중요한 위치를 차지한다고 할 수 있는데, 이는 개요의 내용만으로도 전체 보고서의 의도와 내용을 어느 정도는 알 수 있어야 하기 때문이다.

쉽게 말해서 군더더기 없이 꼭 필요한 항목으로만 구성된 개요는 보고서의 요점point이며 이와 같은 핵심적인 개요만으로도 보고서의 가치를 충분히 끌어올릴 수 있는 무기가 될 수 있다.

통상 사회복지공무원 보고서에서 개요는 '사업개요' 또는 '추진개요' 등으로 표현되는데, 보고하고자 하는 본문의 내용을 핵심적으로 압축하여 전달함으로써 보고받는 검토자 또는 최종 결재권자는 보고서 본문의 모든 내용을 다 읽어보기 전에라도 대략적인 내용을 알 수 있게 되며 이를 근간으로 빠른 의사결정과 업무 지시를 할 수 있게 된다.

빠른 결정과 지시는 결국 사업추진 속도와 성과에 비례하게 됨으로써 잘 정리된 사업개요의 힘이 얼마나 대단한 것인지 알 수 있게 한다.

'사업개요'는 앞서 언급한 '3.1. 사회복지공무원 보고서는 특별해야 한다.'에서 설명한 사회복지공무원 보고서에 반드시 포함되어야 할 항목인, '누구에게', '무엇을', '어떻게 전달하며', '재원 조달과 마련의 방법'이라는 4가지 항목을 중심으로 구성할 수 있다.

사회복지 급여나 서비스를 누구에게 줄 것인가는 '사업대상'으로, 무엇을 줄 것인지는 급여나 서비스 종류로 '사업내용'을 구성하며, 어떤 전달체계로 대상자에게 전달할 것인지는 '지원방법'으로 구성할 수 있으며, 계획한 사업의 재원 출처와 조달 방법은 '소요예산'으로 구성하여 표현할 수 있다.

【 사업개요 = 필수요점 4가지 】

□ **사업개요**

- ❍ 사업대상 : *'누구에게 줄 것인가'*
- ❍ 사업내용 : *'무엇을 줄 것인가'*
- ❍ 지원방법 : *'어떻게 전달할 것인가'*
- ❍ 소요예산 : *'재원 출처와 조달 방법은'*

물론 위의 4가지 요소를 기본 구성으로 '사업기간' 등과 같은 그때그때 필요한 항목을 추가할 수도 있으나, 사업개요 항목에 '사업명'이나 '사업목적' 등을 추가하는 경우는 지양止揚할 필요가 있다.

왜냐하면 보고서의 제목에서 이미 사업명은 파악할 수 있으며 제목 다음의 B-box(글 상자)에 이미 '사업배경'이 제시되어 있어 동일 내용이 반복되기 때문이다.

【사업개요 = 나열식 유형】

...○○○○ △△△△... -

.... 홀몸노인 결식 방지 및 건강 증진 도모 계획

□ **사업개요**

❍ 사 업 명 : 저소득 홀몸노인 식사 배달 사업

❍ 추진근거 : 노인복지법 제○조에 따른 보건복지증진의 책임

❍ 사업기간 : 20○○년 ○월 ~ ○월까지

❍ 사 업 량 : ○○ ○○ 시까지

❍ 사업예산 : ○천만 원 (※시비 ○○○%)

❍ 지원기준 : ○○○ ○○○

❍ 지원내용 : ○○○ ○○○

❍ 지원단가 : ○○○ ○○○

❍ 지원연령 : ○○○ ○○○

❍ 지원형태 : ○○○ ○○○

❍ 지원체계 : ○○○ ○○○

만약 보고서의 제목에서 사업명을 알 수 없거나 B-box(글 상자)가 없어 사업 배경을 알 수 없는 경우라면 사업개요에서 필요한 해당

항목을 추가할 수 있으나 이와 같은 구성은 그다지 추천하고 싶지는 않다. 그 이유는 위의 사례를 통해 보면 더 확실해진다.

위와 같은 보고서의 시작은 제목에서부터 정확한 사업명을 알 수 없으며 '사업배경'을 설명하는 B-box(글 상자)도 없다. 그래서 보고서 작성자는 사업개요에 필요한 사항이라고 생각되는 11개 항목을 장황하게 나열하고 있다. 보고서를 작성한 최초의 보고자는 가능한 많은 정보를 나열해 놓았으니 필요한 정보는 다 넣었다고 마음 뿌듯해할 수도 있다.

그러면 이제 보고받는 검토자나 최종 결재권자 입장을 고려해 보자. 보고서를 검토하는 팀장이나 결재하는 과장, 국장은 하루에도 수십 개의 보고서를 검토하고 피드백을 주며 결재하느라 정신이 없다. 또한 각종 회의 석상에서 그동안 보고받은 각종 보고서의 내용을 가지고 의견을 나누며 때론 최종 결재권자에게 틈틈이 사업의 진행 상황을 보고하여 차후此後의 해당 보고서의 전자결재 논스톱nonstop 통과를 위한 사전 포석strategic move을 두기도 한다.

결국, 보고서는 상급자를 얼마나 빠르고 정확하게 이해시킬 것인가가 핵심인데, 이런 면에서 앞선 11개 항목으로 구성된 '사업개요'는 보고를 받는 상급자에게 쉽고 빠르게 정보를 주기는 어려워 보이는 게 사실이다. 왜냐하면 앞서 언급한 것처럼 시간을 세밀하게 나누어 쓰는 상사에게 순서와 조리가 없는 횡설수설하는 보고서는 짜증만 유발할 뿐 빠르고 정확하게 정보를 주지 못하기 때문이다.

이와 더불어 보고서가 최종 결정을 받기까지 담당 주무관이 알지 못하는 비공식적인 다양한 보이지 않는 컨펌confirm 노력 등이 팀장, 과장, 국장을 통해 최종 결재권자에게 수시로 이루어지는데, 이 역시 한눈에 파악되지 않는 나열식 보고서는 정확한 보고를 방해하곤 한다.

즉, 비슷한 항목이 계속 반복되는 위와 같은 사업개요 항목에서는 빠르게 핵심을 파악하여 설명하고 의견을 피드백 받는 일은 결코 쉬운 일이 아닐뿐더러 설사 시간과 노력을 들이더라도 좋은 결과를 가져오기는 어렵다.

【 사업개요 = 4가지 필수항목 유형 】

- …○○○○ △△△△… -

…. 저소득 홀몸노인 식사 배달 사업추진 계획

생활고로 점심을 거르는 저소득 홀몸노인에게 식사를 배달하여 홀몸노인 결식 예방 및 건강한 노년의 삶을 보장하고자 함.

□ **사업개요**

❍ 지원대상 : ○○○ 불편한 결식 ○○ 저소득 ○○ 홀몸노인
  - (선정기준) 60세 이상 ○○○○수급자 및 차상위○○ 노인

❍ 지원내용 : 1일 1인 1식 (※ 도시락 세트 단가 ○,○○○원)

❍ 지원방법 : ○○ 배달 기관·단체 사업자(○개소) 예산지원

❍ 소요예산 : ○,○○○ 천원 (도비 ○○%, 시비 ○○%)

보고서를 검토하는 결재권자를 고려한다면 위와 같은 예시의 보고서가 오히려 집중력 있는 좋은 보고서가 될 것이다. 제목에서부터 이미 정확한 사업 명칭을 제시하였으며 사업의 배경은 홀몸노인의 결

식 예방과 건강한 노년의 삶의 보장이라고 명쾌하게 제시하였다.

또한 사업개요는 앞서 언급한 4가지 필수 요소인 '누구에게', '무엇을', '어떻게 전달하며', '재원은 무엇인지'를 정확히 제시하였으며, 앞서 언급한 11개 항목을 나열한 사업개요와 달리 정확한 단어표현과 요점 등의 핵심 키워드를 짧게 끊어서(이를 '개조식'이라고 부른다) 표현함으로써 불필요하고 지나친 항목 나열로 핵심 파악을 어렵게 하는 혼잡도도 없어 보인다.

물론 꼭 필요한 항목으로만 사업개요를 작성한다고 해서 지나친 생략이나 함축으로 사업개요를 파악하기 어려운 혼란을 주는 일은 경계해야 한다. 앞서 언급한 바와 같이 일의 과정이나 상황에 따라 적절한 개요의 보고 항목을 추가하거나 덜어내는 유연함을 보여야 할 필요는 있다. 따라서 사업개요는 정확한 단어와 핵심 키워드로 표현되어야 한다.

통상 중요한 핵심 단어나 요점을 나열하는 개조식個條式 표현으로 의미 전달이 불명확할 수 있다면 서술식으로 표현하는 것도 좋은 방법이다. 보고서의 핵심은 빠른 전달을 위한 구성의 간결함도 중요하지만 정확한 사실과 내용의 전달도 중요하기 때문이다.

결국 사업개요는 보고서를 관통하는 가장 핵심 사항을 담아내야 한다. 앞서 언급한 4가지 선택의 차원과 더불어 꼭 필요한 사항 등을 더하거나 덜어내어 요점만을 정리하는 데 집중할 필요가 있다.

또한 사업개요에 보고서의 모든 사항을 요약 정리해야 한다는 강

박관념을 과감히 버려야 한다. 왜냐하면 뒤이어 설명하겠지만 사업개요 다음에는 '추진계획', '추진전략' 또는 '세부 추진계획' 등이 이어져 사업추진 계획의 세세한 면들을 부연 설명할 기회가 이어지기 때문이며, 논리를 뒷받침할 각종 데이터 자료를 참고자료 형태로 붙일 수도 있기 때문이다.

【 서술식 vs 개조식 】

(서술식)

□ **사업개요**

❍ 사업대상 : 우리 동네 혼자 사는 ○○한 ○○들에게 복지서비스가 필요하다.

❍ 사업내용 : ○, ○, ○○ 등 음식을 제공하고자 한다.

❍ 지원방법 : ○○복지기관, 시설 등 ○○ 기관을 통해서 ○○하고자 한다.

❍ 소요예산 : ○○시의 예산을 ○○하고자 한다.

⮟

(개조식)

□ **사업개요**

❍ 지원대상 : ○○이 ○○한 결식 ○○ 저소득 재가 ○○노인

- (선정기준) 60세 이상 ○○○○수급자 및 차상위○○ 노인

❍ 지원내용 : ○일 ○식 (※ ○·○·○○ 구성의 도시락 세트 지원)

❍ 지원방법 : ○○ ○○ 기관·단체 사업자(○개소) 선정 후 예산지원

❍ 소요예산 : ○○,○○○ 천원 (도비 10%, 시비 90%)

3.5
추진전략으로 실행 가능성을 높여라

보고서의 '제목'과 '사업배경' 그리고 '사업개요'를 명쾌하게 잘 정리했다면 이제 '사업개요'를 구체적인 실행 동력을 가진 '추진계획' 또는 '추진전략' 등으로 조직화하고 체계화하여 실행 가능성을 높여야 한다.

여기서 조직화organizing 또는 체계화systemization라는 것은 보고서 각각의 내용이나 요소들이 서로 유기적인 관계를 맺어 통일된 조직이나 체계를 형성함으로써 보고서의 최종 목표 달성을 위해 보고서에 담긴 핵심 정보를 쉽고 빠르게 검토자 또는 결재권자에게 제공할 수 있도록 만드는 일을 의미한다고 할 수 있다.

계획서나 보고서 등에서 이런 기능을 담당하는 부분을 통상 '추진계획', '추진전략' 또는 '세부계획' 등으로 표현하며, 추진하고자 하는 사업의 주 내용이 급여나 서비스 지원에 국한된다면 '지원계획', '지원체계' 등으로 표현할 수도 있다.

필자의 경우에는 주로 '추진전략'이라는 표현을 자주 사용하는데,

전략strategy은 사업의 목표를 달성하기 위한 가장 알맞은 방법을 말하는 것으로, 소극적이며 부분이라기보다는 적극적이고 전체를 아우르는 통합combine과 융합fusion의 개념을 내포함과 동시에 뚜렷한 방향성을 표방하고 있다고 볼 수 있기 때문이다.

보통 '사업개요'의 실행력을 '추진계획'으로 담아내면 다음의 예시와 같이 사업개요를 이해하기 쉽게 설명을 덧붙여 더 자세히 말하는 형태의 보고서가 작성되곤 하는데, '추진전략'으로 사업 실행의 전략을 담아내면 당초에 계획한 사업의 정책적 목적 달성이 더 수월해지는 논리적인 근거를 제시할 수 있는 장점을 가질 수 있다.

쉽게 말하면, '추진전략'은 사업개요의 각 항목들에서 사업의 구체적 내용과 절차 그리고 지역사회 자원의 동원과 활용 및 배분 등을 실행 가능한 방법으로 논리적 타당성을 동반하여 구성할 수 있게 하며, 이는 결국 사업의 목표를 달성하기 위하여 가장 적절하고 적합한 방법을 총합total의 사고로 고려하여 사회적social으로 의미 있는 사업 수행의 실행력 또는 실천력의 실행 방안을 고취鼓吹하는 도구로 활용할 수 있다.

결국 사회복지 영역의 사업계획이나 보고서에서 '추진전략'은 사업의 목표 달성을 위한 사업개요의 고도화advance를 이루는 것임과 동시에 사업 실행 가능성을 높이기 위한 전달체계의 재구조화를 통한 서비스의 전문화를 이루는 작업 내지는 방법이라고 할 수 있는데, 여기서 핵심은 '추진전략'에 정책적으로 적절하면서도 설득력 있는 어떤 콘셉트concept를 부여하는가가 검토자나 상급자의 의사결정을 막힘없

【 추진계획 】

- ...○○○○ △△△△... -

.... 저소득 ○○노인 ○○ ○○ 사업추진 계획

○○○로 ○○을 거르는 ○○○ ○○노인에게 ○○를 배달하여 ○○노인 예방 및 ○○한 노년의 ○을 보장하고자 함.

□ **사업개요**

❍ 사업기간 : 20○○년 ○월 ~ ○월

❍ 지원대상 : ○○세 이상의 결식 ○○ 저소득 ○○ ○○노인 ○○○명

❍ 지원내용 : ○일 ○식 (※ 도시락 세트 단가 ○,○○○원)

❍ 지원방법 : ○○ ○○ 기관 · 단체 ○○기관(○개소) 예산지원

❍ 소요예산 : ○○,○○○ 천원 (도비 ○○%, 시비 ○○%)

□ **추진계획**

❍ (대상자 선정기준) ① 순위 : 기준중위소득 ○○% 이하 자

② 순위 : 기준중위소득 ○○% 이하 자

③ 순위 : 기타 시장이 인정하는 ○○노인 등

❍ (서비스 전달체계) ○○○ 발굴 ⇄ ○○○ 선정 ⇄ ○○○ 지원

❍ (서비스 신청방법) ○○ 및 ○○ 신청

- 신청장소 : ○○개 읍·면·동 주민센터 및 ○○ ○○ 수행기관 ○개소

❍ (사업비) 급식비(○○천원), 인건비(◇◇천원), 운영비(△△천원) (※ 별첨 참고)

이 논스톱nonstop으로 끌어낼 수 있다는 것이다.

가령, 위과 같은 보고서의 추진계획을 살펴보면, 추진계획으로 사업개요의 사업기간, 지원대상, 지원내용, 지원방법, 소요예산 등을 구체화하였으나 어떤 콘셉트로 고도화하고 전문화되었는지는 알 수 없다.

이런 경우 최종 의사 결정권자는 과연 이 사업이 꼭 필요한 것인지 의심할 수밖에 없는 상황에 직면하기도 하는데, 왜냐하면 앞서 언급한 바와 같이 지방자치단체의 재원은 한정적이고 재정자립도 역시 낮은 상황으로 사회복지사업 추진에 있어 선택과 집중이 필요하기 때문이다.

결국 위와 같은 보고서는 사업의 실행 가능성을 장담할 수 없거나 사업 실행을 위해 최종 결정권자를 설득하기 위한 별도의 추가 설명자료 등이 필요한 상황에 직면直面하게 될 수도 있을 것이다.

반면 다음의 보고서 사례를 살펴보면, '사업개요'를 구체화한 '추진전략'에서 지원대상을 홀몸노인이 처한 상황과 환경에 따라 유연하게 대상자를 선정할 수 있는 '기타 시장이 인정하는 홀몸노인 등'과 같은 기준 유연화 제시로 복지 사각지대 해소를 첫 번째 전략으로 내세웠음을 볼 수 있다.

지원내용과 지원 방법에서는 지역사회의 민간영역과 공공영역이 협력하여 홀로 사는 결식노인을 발굴하고 공동으로 서비스를 지원하여 지역사회에서 지역에 거주하는 홀몸노인의 안부 확인이라는 인적 안전망의 일상 돌봄까지 서비스 영역을 확장하겠다는 두 번째 전략을 제시하고 있다.

세 번째 전략으로는 식사 배달의 신청과 접수를 위한 창구를 지역별로 접근성 좋게 분산 배치하고 식사 배달을 위한 전문 서비스 기관을 지정하여 운영함으로써 전달체계 전문화를 제시하고 있어, 홀로 사는 결식노인 발굴과 예방 그리고 건강한 노년의 삶의 보장이라는

【 추진전략 】

- …○○○○ △△△△… -

…. 저소득 ○○노인 ○○ ○○ 사업추진 계획

○○○로 ○○을 거르는 ○○○ ○○노인에게 ○○를 배달하여 ○○노인 예방 및 ○○한 노년의 ○을 보장하고자 함.

□ **사업개요**

❍ 사업기간 : 20○○년 ○월 ~ ○월

❍ 지원대상 : ○○세 이상의 결식 ○○ 저소득 ○○ ○○노인 ○○○명

❍ 지원내용 : ○일 ○식 (※ 도시락 세트 단가 ○,○○○원)

❍ 지원방법 : ○○ ○○ 기관 · 단체 ○○기관(○개소) 예산지원

❍ 소요예산 : ○○,○○○ 천원 (도비 ○○%, 시비 ○○%)

□ **추진전략**

❍ (선정기준 유연화) 부득이한 ○○ 등을 ○○하여 복지 사각지대 해소

① ○○○○○○수급자 → ② ○○○계층 → ③ 기타 시장이 인정하는 ○○노인 등

❍ (민관협력발굴) ○○과 ○○의 긴밀한 협력으로 ○○○○ 안전망 확대

○○○ 발굴		○○○ 선정		○○○ 지원
시민 누구나 ○○ 우려 ○○ 신고	⇨	○○○과 및 수행기관 ○○ 기준 ○○ 조사	⇨	○○방문 ○○○배달 안부 확인

❍ (발굴·신청 창구 다각화) ○○개 읍·면·동 주민센터 및 ○○ ○○ 수행기관 ○개소

- (수행기관) ○○사회복지관(○○명), ◇◇노인복지관(○○명), △△장애인복지관(○○명)

❍ (산출내역) 급식비(○○천원), 인건비(◇◇천원), 운영비(△△천원) (※ 별첨 참고)

본래 사업의 목표를 성공적으로 달성하기 위한 사업개요를 잘 조직하고 체계화하여 실행가능 하도록 고도화와 전문화를 잘 조직화하였다고 할 수 있다.

현대 사회복지 행정의 화두인 민관협력, 복지 사각지대 해소, 전달체계의 전문화를 추진전략으로 두고 있는 이 보고서는 오히려 정책 검토자와 결재권자가 사업추진을 거절하는 이유 또는 외면하는 사유를 찾는 일이 더 어려운 일이 될 것이다.

한편 이쯤 되면 이런 궁금증을 가질 수도 있다. 그럼 요약과 함축으로 정리된 사업개요에 관한 자세한 부연 설명은 언제, 어디서 해야 하는가이다.

가령, 보고자는 추진 사업이 어떤 법령 근거를 지니고 있는지나 소요 예산의 산출 근거 또는 사업을 수행하는 기관의 현황도 자세히 알려주고 싶은 욕구 등이 있을 것이다.

이런 경우 '추진전략'과 '세부 추진계획'을 구분하여 '세부 추진계획'을 별도로 구성할 필요가 있는데, 주로 '세부 추진계획'은 사업을 추진하는 일선의 실무자급staff-level을 위한 사업안내 매뉴얼manual 또는 지침guidelines이 대부분을 차지하고 있어 사업 수행을 위해 더 구체적이고 세부적인 사항을 담아낼 수도 있으나, 사업의 방향을 보고하고 계획을 결정하는 방침을 위한 보고서에서는 굳이 추천하고 싶은 방법은 아니다.

만약 '세부 추진계획'이 방침보고서에 꼭 있어야 한다는 판단이라면, 뒤이어 서술할 예정인 '4.2. 상사를 이해시키는 참고자료'에서처럼 참고자료를 별도 작성하여 별첨하는 것을 추천한다.

【 방침 이후 = 전자결재 실행보고서 】

- ..○○○○ △△△△... -

.... 저소득 ○○노인 ○○ ○○ 사업추진 계획

○○○로 ○○을 거르는 ○○○ ○○노인에게 ○○를 배달하여 ○○노인 예방 및 ○○한 노년의 ○을 보장하고자 함.

□ **사업개요**

❍ 사업기간 : 20○○년 ○월 ~ ○월

❍ 지원대상 : ○○세 이상의 결식 ○○ 저소득 ○○ ○○노인 ○○○명

❍ 지원내용 : ○일 ○식 (※ 도시락 세트 단가 ○,○○○원)

❍ 지원방법 : ○○ ○○ 기관 · 단체 ○○기관(○개소) 예산지원

❍ 소요예산 : ○○,○○○ 천원 (도비 ○○%, 시비 ○○%)

□ **추진전략**

❍ (선정기준 유연화) 부득이한 ○○ 등을 ○○하여 복지 사각지대 해소

① ○○○○○○수급자 → ② ○○○계층 → ③ 기타 시장이 인정하는 ○○노인 등

❍ (민관협력발굴) ○○과 ○○의 긴밀한 협력으로 ○○○○ 안전망 확대

○○○ 발굴	⇨	○○○ 선정	⇨	○○○ 지원
시민 누구나 ○○ 우려 ○○ 신고		○○○과 및 수행기관 ○○ 기준 ○○ 조사		○○방문 ○○○배달 안부 확인

❍ (발굴·신청 창구 다각화) ○○개 읍·면·동 주민센터 및 ○○ ○○ 수행기관 ○개소

- (수행기관) ○○사회복지관(○○명), ◇◇노인복지관(○○명), △△장애인복지관(○○명)

❍ (산출내역) 급식비(○○천원), 인건비(◇◇천원), 운영비(△△천원) (※ 별첨 참고)

□ **세부 추진계획**

❍ (○○○ 선정 기준) ○○○ ○○○

❍ (○○기관 선정 기준) ○○○ ○○○

□ **행정 사항 (or 향후 계획)**

❍ ... ○○○ ○○○ ...

참고로 방침方針, policy은 사업을 수행하기 위한 계획과 방향을 결정하는 것으로, 정책policy이나 사업계획과 관련하여 의사결정의 최상위자로부터 사업추진에 관한 최종 의사결정을 받는 것을 말한다.

통상 지방자치단체에서 주요한 정책이나 사업추진 결정은 지방자치단체장과 직접 대면 보고를 통해 먼저 방침을 받는 경우가 많다. 이런 경우 1페이지로 요약 정리된 보고서가 사업추진을 결정하는 가장 강력한 무기가 될 것인데, 만약 사업의 시작과 진행의 방침을 받았다면 이후부터의 보고서는 '세부 추진계획', '행정 사항' 등의 사업추진에 필요한 자세한 항목을 덧붙여 실행보고서를 만든 후 전자결재를 통해 사업을 시행할 수 있을 것이다.

3.6
향후 추진계획으로 중간 보고를 예고하라

'향후 추진계획'은 '향후계획'이라고도 하며, 행정 절차가 주를 이룬다면 '행정사항'이라고 표현하기도 한다. 통상 정책 결정과 사업추진 시작을 위한 방침의 시점에서부터 이 다음의 계획 또는 앞으로의 일정을 의미한다고 할 수 있다.

앞선 '추진전략' 또는 '세부 추진계획' 등을 통해 실행 동력과 사업 안내서 등을 조직하였다면 '향후 추진계획'을 통해서는 앞으로 진행될 스텝별 단계 또는 시기별 핵심 일정을 '향후 추진계획'으로 정리하고 제시할 필요가 있다.

이는 대략적인 사업의 시작 시기와 진행 상황 그리고 종료 시점 등 전반적인 프로세스를 가늠해 볼 수 있는 시간표 역할을 할 수 있는데, 사업 수행을 위한 모든 절차를 언급할 필요는 없으며, 굵직굵직한 이슈를 골라서 정리해 주는 게 좋다.

예를 들어, 사업추진의 2분기 일정으로 지역사회 기관 및 단체와의 공동 협력을 위한 업무협약과 사업홍보 방법 마련을 위한 민관협력 간담회, 홍보 현수막 제작 시안 의뢰, 홍보자료 읍면동 배부 등의 일정이 잡혀있다면, 업무협약MOU과 민관협력 간담회 일정 등과 같이 규모 있는 일정을 향후 계획으로 보고하는 것이 적절하며, 홍보 현수막 제작 시안 의뢰와 홍보자료 읍면동 배부 등과 같이 중요도가 덜한 사안은 보고서에 굳이 담지 않아도 될 것이다.

【 향후(추진)계획 】

... □□□□ ◇◇◇◇ ◎◎◎◎ ... 추진계획

- ...○○○○ △△△△...

□ **사업개요**

❍ 지원대상 : ○○○ ○○○

·

·

□ **추진전략**

❍ (민관협력) ○○○ ○○○

·

·

□ **향후계획**

❍ 20○○. ○월 : ○○추진 ○○협약(MOU) ○○

❍ 20○○. ○월 : 민관○○ ○○홍보 간담회 ○○

한편 향후 추진계획은 사업추진의 다음 일정을 알 수 있도록 해주지만 정작 중요한 숨겨진 의미는 바로 '중간보고'를 하기 위함에 있다고 할 수 있다.

중간보고中間報告의 사전적 의미를 살펴보면 "최종의 결과가 나오기 전에 중도에 하는 보고"로 정의되고 있으며, 여기서 '중도中途'는 일이 진행되어 가는 동안을 의미한다고 할 수 있다. 즉 '향후 추진계획'은 월별, 분기별 또는 핵심 시기 등에 따라 달성해야 할 과업을 예고한 후 계획대로 진행되고 있는지를 상급자에게 중간중간 수시로 보고하기 위한 사전예고advance notice의 장場이라고 할 수 있다.

이와 같은 중간보고는 특히 초임 공무원이나 보고서에 익숙하지 않은 공무원의 경우에 중요한 역할을 할 수 있다. 왜냐하면 중간보고를 수시로 함으로써 처음 방침 받은 사업추진의 방향성을 항시적always으로 점검받고 재확인할 수 있어 보고서가 길을 잃고 헤매는 우려를 대폭 줄여줄 수 있기 때문이다.

만약 사업의 진행 과정에서 논란이 되는 문제가 발생하거나 분쟁이나 갈등의 사안이 발생하였다면 중간보고를 통해 주관부서 의견이나 담당자 의견을 담아 성실하게 보고해야 하며, 이와 같은 심각한 사안이 아니라면 간단한 '메모보고'나 구두口頭를 통한 보고로도 충분하다고 할 수 있다.

주관부서 의견 또는 담당자 의견 그리고 '메모보고'에 관련한 사항은 뒤따르는 '3.7. 주관부서 또는 담당자 의견은 필수다'와 '3.8. 의사결정 과정이 필요 없을 땐 메모보고를 하자'에서 자세히 다루고자 한다.

3.7
주관부서 또는 담당자 의견은 필수다

주관부서 또는 담당자는 통상 보고서에 기재된 주 목적사업을 책임지고 있는 부서와 그 사업의 실무자가 될 것인데, 가령 보고서의 주 목적이 노인복지 향상이라면 '노인복지과'가 주관부서가 될 것이며, 장애인복지 향상이라면 '장애인복지과', 아동복지와 관련되어 있으면 '아동복지과' 등의 부서가 사업추진의 주관부서가 될 것이다.

그러나 만약 사업 영역이 노인, 장애인, 여성 등과 같이 여러 분야에 걸쳐 있다면 직제순에 따르거나 사업 영역이 가장 많거나 가장 핵심적인 부분을 차지하고 있는 부서가 주관부서가 될 수 있으나 이는 조직 문화에 따라 다양하게 활용되고 있어 때론 협의와 조정이 필요한 경우도 흔한 일이라고 할 수 있다.

주관부서가 결정되고 나면 주관부서의 팀별 또는 개별 업무분장에 따라 사업계획 보고서를 작성하게 되는데, 이때 보고서를 작성하고 보고하는 일련의 모든 과정에 개입하며 중심적인 업무를 담당하는 실무 공무원이 담당자가 될 것이다.

보고서를 작성하고 보고하는 일은 통상 문제를 해결하기 위한 수

【 비교 검토 보고서 】

... □□□□ ◇◇◇◇ ◎◎◎◎ ... 비교 검토보고

- ...○○○○ △△△△...

□ **사업개요**

❍ ... ○○○ ○○○ ...

.

.

□ **검토의견**

❍ ○○ 지역 비교

방안	(1안) ○○○ 지역 건립	(2안) ▽▽▽ 지역 건립
장점	○○○ ○○○	○○○ ○○○
단점	○○○ ○○○	○○○ ○○○

□ **주관부서 의견 (or 담당자 의견)**

❍ ... ◇◇◇◇ ... 사유로 (1안) ○○○ ○○이 ○○ ○○ 판단됨.

단과 방법의 도구라고 할 수 있는데, 때에 따라서는 합리적인 해결을 위한 노력에도 불구하고 해결을 위한 방안이 첨예尖銳하게 대립하게 되는 경우가 종종 발생하게 된다.

물론 해결을 위한 방안의 대립이 옳고 그른 것의 문제라거나 맞고 틀린 것의 문제인 경우는 흔한 일은 아니다. 각기 다양한 위치와 처한 환경에 따른 해결의 입장 차差라거나 비교 선택이라고 할 만한 것들이 대다수인 경우가 많은데, 이런 경우, '(1)안', '(2)안'이라고 명명name하여 두 종류의 안案을 검토하여 보고할 수 있으며, 통상적으로

'(1)안' 내용에 주관부서 또는 담당자가 더 나은 것으로 판단한 사항을 기재하여 비교 검토하는 보고서를 만들게 된다.

위와 같은 비교 검토 보고서의 끝에는 반드시 주관부서 또는 담당자 의견을 제시하여야 한다. '(1)안', '(2)안'의 장단점의 비교를 통해 논리적으로 타당하며 가장 이성적이고 합리적으로 옳다고 판단되는 것, 그리고 이치reason에 합당하다고 보이는 제안을 주관부서 또는 담당자 의견으로 제시하여야 한다.

왜냐하면 사업계획 보고서의 실행 결정 이후에 실천계획을 현장에 시행하고 직접 실행할 사업부서와 책임자는 바로 사업 주관부서와 담당자이기 때문이다.

3.8
의사결정 과정이 필요 없을 땐 '메모보고'를 하자

사업계획이나 보고서의 최종적인 의사결정은 결재approve를 통해 이루어지는데, 결재는 사전적으로나 실제적으로도 승인, 허가, 재가의 의미를 지니고 있어 제출한 계획이나 보고하는 안건 등을 실행하도록 결정하는 것을 말한다.

앞서 언급한 바와 같이 통상 이런 경우 계획과 보고, 결재의 과정이 일사천리로 이루어지는 경우는 거의 없다고 봐도 된다. 그래서 신속한 결재를 위해서는 최종 결재권자에게 다양한 방법과 방식으로 사업계획을 보고하고 방향성을 공유한 후 계획서나 보고서를 통해 결재를 받게 된다.

그러나 만약 최종 결재권자를 비롯한 검토자 또는 상급자의 검토 및 의사결정 과정이 필요하지 않은 경우라면 계획서나 보고서의 작성이 필요하지 않다고 봐도 무방한데, 이런 경우에는 '메모보고'를 활용하면 된다.

'메모보고'는 중요한 정도를 고려함과 동시에 긴급성이나 시급성 또는 절박성과 신속성 등에 더 무게를 두고 활용할 필요가 있는데, 가장 대표적인 사례로 사건·사고 등의 발생을 보고하는 경우를 들 수 있다.

【 메모보고 】

2○○○. ○. ○.(월). ○○동 ○○팀(☎○○○○)

□□□□ ◇◇◇◇ ◎◎빌라 화재 발생 보고

□ **개요**

❍ 일시 : ○○○○. ○. ○.(월) ○○:○○ ~ ○○:○○

❍ 장소 : ○○○ ○○○

❍ 사고내용 : ○○○○ ○○○○

□ **피해상황**

❍ 화재원인 : ○○○ ○○○

❍ 인명피해 : ○인 노인 ○○가구

성명	생년월일	특이사항	인명피해	사회보장현황
○○○	19◇◇.◇.◇(남)	○○장애	○○○○ 입원 중	○○○○○○ 보장 중
○○○	19○○.○.○(여)	○○장애	사망	

❍ 재산피해 : ○○○

❍ 출동현황 : ○○○

□ **위치도 및 현장 사진**

❍ … ○○○ ○○○ …

가령 자신이 담당하는 근무지역의 다세대 주택에서 화재가 발생하여 노인가구가 사망한 사건·사고가 발생하였다고 하면, 화재 발생 일시와 장소 그리고 주요 피해 현황 등을 팀장이나 과장 등의 상급자에게 빠르게 사고 발생을 인지시킨 후, 신속하게 관련 부서 등에 전달하여 조치계획을 마련토록 해야 할 것이다. 이와 같은 긴급한 사항에서는 결재를 통한 의사결정이 굳이 필요치 않을 것이다.

긴급성과 신속성을 위해서는 의사결정을 위한 소모적 행정력이 지양止揚, rejection되어야 하며 신속한 전파를 위해서 보고서 작성 시간을 줄이는 노력이 동반되어야 할 것이다.

또한 '메모보고'는 보고하는 현안 사항에 관련된 모든 관련자에게 동시다발적으로 해당 사안을 공유sharing하는 협업을 보여주어야 하는데, 이를 위해 대면 보고의 방법보다는 기관 내부의 통신망에 모두 볼 수 있도록 공지公知하거나 관련 부서 또는 관련 담당자 등에게 기관 전용 내부 메신저instant messenger를 통해 빠르고 신속하게 공유할 필요가 있다.

“그냥 파일을 보내줄래?”를 피하는 방법

CHAPTER 04

이 말이 수치스럽고 굴욕적이라면
아직 성장과 발전의 여지가 남아있다는 것이다
적어도 이것만큼은 명심(銘心)하자

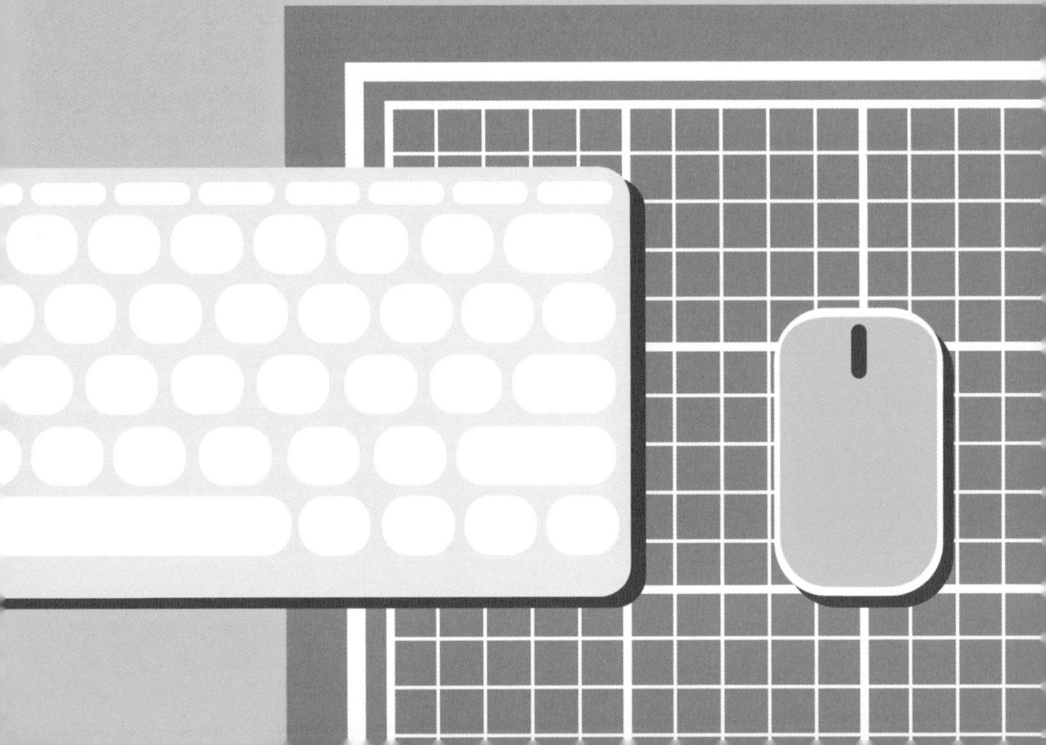

4.1
소설은 그만 쓰자. 1페이지면 충분하다

소설은 영어 단어로 'fiction픽션'으로 표기하는데 그 어원을 찾아보면 라틴어 fingere핑게레의 '상상하다', '그리다', '만들다' 등의 의미를 지니고 있다. 즉, 소설은 사실에 없는 일을 상상하여 사실처럼 꾸며내거나 혹여 사실을 대상으로 하더라도 그 사실을 소재로 하여 이야기를 꾸며낸 허구虛構의 것이라고 할 수 있다.

이와 같은 소설은 보통 발단, 전개, 위기, 절정, 결말의 5단계로 진행 구성을 보인다. 그래서 소설은 긴 호흡으로 창작되며 보고서와 같이 핵심적이고 간결한 언어의 집합체인 한 장의 보고서와 같은 형태로 쓰기는 거의 불가능한 일이라고 할 수 있다.

이를 바꾸어 생각해보면 우리가 알고자 하는 보고서에서는 핵심적인 메시지를 최종 의사 결정자에게 신속하고 정확하게 보고하고 피드백을 받아야 하므로 발단부터 결말까지 이어지는 긴 호흡의 소설과 같은 이야기 구성은 어울리지 않는다고 할 수 있다.

결국, 보고서는 검토자나 의사 결정자가 빨리 핵심을 파악할 수 있도록 사실의 정보 및 계획과 의견 등을 일목요연하게 제공하여 설득하거나 실행의 결정方針을 받아야 하는데, 이를 위한 가장 효과적이고 효율적인 방법이 '1페이지 보고서'가 될 것이다.

굳이 보고서가 아니더라도 뒤죽박죽으로 헝클어진 수십 페이지의 이야기는 무슨 말을 하려는지 알 수도 없을 뿐더러 집중하기 어려운 건 사실이며, 짧은 이야기일수록 인과관계 구성이 쉬워지며 집중과 몰입을 위한 사실관계의 명확한 표현과 핵심 정보의 제공이 더 쉬워진다고 할 수 있다.

물론 간혹 여타의 사람들은 많은 내용을 1페이지로 정리하는 일이 더 어렵다고 하소연하기도 한다. 그러나 필자의 경우 이런 하소연을 하는 담당자의 보고서를 들여다보면 대부분 상대가 듣고 싶은 정보나 사실 그리고 계획과 의견보다는 본인이 상사에게 전달해주고 싶은 사실과 정보만을 가득 채워 넣은 경우가 의외로 많음을 볼 수 있다.

즉 내가 해주고 싶은 이야기가 아니라 상대가 원하는 이야기를 하여야 한다. 쉽게 말해서 보고서도 고객의 요구나 욕구 또는 주문에 따라 작성되어야 하는 것으로, 이를 확장해서 해석해보면 1페이지 보고서는 한쪽이나 한편으로 치우친 일방적인 나만의 이야기가 되어서는 안 되며, 검토자와 최종 의사 결정자가 필요로 하는 사실과 정보 그리고 계획과 의견을 주어야 하는 것으로, 여기에 더해 해결 방안까지 제시하는 가치 판단의 의견까지 포함된다면 가장 이상적인 보고서가 될 것이다.

예를 들어, 자신이 발령받은 지역의 주민이 사회복지서비스 제공의 불편 사항으로 센터장 면담을 요청하였다고 가정해 보자.

불편 사항을 제기 받은 서비스 담당자는 센터장이 요청받은 면담 사안에 관한 현황자료를 제공하기 위하여 '메모보고' 등을 작성해서 면담의 시간이 실질적인 문제해결의 장場이 될 수 있도록 조력해야 할 것으로, 보통 다음의 예시 사례와 같은 보고서를 센터장에게 보고할 것이다.

【 내가 하고 싶은 보고 】

20○○. ○. ○.(월). ○○동 ○○팀(☎○○○○)

□□□□ 복지 대상자 센터장 면담 요청 보고

□ **요청현황**

❍ ○○○○년 ○월 ○일 방문

❍ ○○○ 생활고 ○○로 ○○○○ ...

❍ ○○○ 전반적인 ○○서비스 상담하였으나 ○○○ ...

❍ ○○○ 사회보장 ○○에 대한 ○○을 제기하며 면담 요청 ○○○ ,,,

□ **가구현황**

❍ ○○부부가구로 ○○○ ...

❍ ○○○ 과거 ○○보장급여 서비스 ○○ 이력 있으며 ○○○ ...

❍ △△△ 지원을 ○○하는 등 ○○○ ...

❍ ○○○ ○○ 주민들과 ○○가 ○○하지 않으며 ○○○ ...

□ **지원사항**

❍ .....과거 ○○○ 서비스 지원 ○○ 있으며....

❍ .....민간 ○○기관 ○○지원 ◇건 있었음.

위와 같은 1페이지 보고서는 불편 사항과 해결 방안의 핵심이 정확히 무엇인지 알 수가 없다. 담당자의 핑계와 구실 등이 가득 채워져 있다고 봐도 무방할 정도이다.

어쩌면 위와 같은 보고서의 핵심은 담당자 본인의 잘못은 없다는 해명서解明書나 이 문제의 시작부터 끝까지 벌어진 일의 사유를 설명하는 경위서經緯書와 별반 다를 게 없을 정도이다.

만약 사회복지행정에 불만이 가득한 민원인과 면담을 앞둔 센터장이 본인이라고 가정한다면 이 보고서를 가지고 생활고를 호소하는 주민과 마주 앉아서 무슨 이야기를 할 것이며 어떤 해결책을 언급할 수 있을 것인가.

그럼 위와 같은 보고서를 센터장이 듣고 싶은 이야기로 바꿔보자.

같은 사안이지만 다음과 같이 바꾸어 쓴 보고서는 주민의 '요구사항'과 그에 따른 '지원계획' 또는 '조치계획'이 명확하게 기재되어 있다.

면담을 요청한 사유를 분명히 파악할 수 있으며, 가족 구성원 특성 기재로 어떤 어려움이 있을지 미루어 짐작할 수 있으며, 그 간 지원사항으로 어떤 서비스가 부족했었는지도 한 눈에 볼 수 있다. 가장 눈에 띄는 점은 향후 신청·지원이 가능한 서비스를 제시함으로써 면담의 시간이 문제해결을 위한 의미 있는 시간이 되도록 만들었다는 점이다.

【센터장이 듣고 싶은 보고】

20○○. ○. ○.(월). ○○동 ○○팀(☎○○○○)

□□□□ 복지 대상자 센터장 면담 요청 보고

...○○○ 신청 상담 불편 호소... 종합적 상담을 위해... 면담 요청한 사항임.

□ 가구현황

가구사항	성명	생년월일	건강 사항	특이사항
○○ 부부 가구	◇◇◇	○년○월○일	○○ 장애	△△△△

❍ (주거현황) 공공○○임대

❍ (가구특성) ○○○○

❍ (보장이력) 20○○년 ~ 20○○년 ○○○○수급자 ○○·○○ 이력 있음

- (중지사유) ..... △△△△ ..... 있음.

□ 요구사항

❍ ... ○○○ ○○○ ○○○○ ...

□ 그 간 지원사항

구분	기간	지원 내역
△△△ 지원	20○○년 ~ 20○○년	△△△ 지원 생계비(○월)
◇◇◇ 지원	20○○년 ~ 20○○년	◇◇◇ 지원 주거비(○○○천원)
○○○ 지원	20○○년 ~ 20○○년	○○○ 물품 등(○회)

□ 향후 신청 가능 서비스

❍ ... ○○○ ○○○ 서비스 신청

❍ ... ○○○ ○○○ ...

❍ ... ○○○ ○○○ ...

결국, 앞서 언급한 바와 같이 '1페이지 보고서'는 검토자 또는 의사 결정자가 원하는 내용을 간결하고 핵심적인 메시지로 담아내야 한다.

이를 위해서 '1페이지 보고서'는 큰 틀에서 3요소T.L.C를 고려할 필요가 있다.

가장 먼저 고려할 사항은 '주제Topic'가 명확해야 한다는 것이다. 이 보고서의 작성과 이를 통한 보고의 주제가 무엇인지를 간략하면서도 명료하게 표현해야 한다. 이는 주로 보고서의 제목과 보고 배경을 위한 B-box(글 상자)에서 표현할 수 있으며 최대한 은유와 직유 등의 꾸밈을 자제할 필요가 있다.

둘째로는 '논리적 타당성logicality'으로 설득력을 고려해야 한다. 상황을 종합적으로 파악함과 동시에 규범과 기준을 통해 사실을 기반으로 하는 이치에 벗어나지 않도록 하여야 한다. 이는 앞선 '제3장 실전은 선택의 문제'에서 이미 언급한 각 항목을 어떤 필요와 선택으로 설득력 있는 논리와 타당성으로 무장할 것인가를 충분히 숙의熟議하여야 한다.

마지막으로는 '구성의 짜임새composition'를 들 수 있는데, 보고서를 이루는 각각의 부분이 본래 기능과 역할을 하면서도 본래 목표로 했던 보고서의 문제해결 주제로 귀결되는 상호 연관의 조직체계를 잘 갖출 필요가 있다.

쉽게 말해서 각각의 부분이 모여서 보고서 핵심 주제를 가장 효과적으로 드러내야 하며 부분의 합이 전혀 다른 주제로 귀결되면 안 된다는 것이다. 이는 보고서 전반의 각 구성 요소 등의 긴밀한 연관성을 의미하는 것으로, 전前과 후後의 어색한 관계의 항목은 과감히 삭제하여 짜임새 있는 내용을 구성하여야 한다.

한편 지금까지의 논의한 '1페이지 보고서'에 동의하지 않더라도 행정 현장의 변화 추세에는 적응할 필요가 있어 보인다.

최근의 지방자치단체는 ESG 행정 구축을 위해 종이 없는 세상, 즉 페이퍼리스paperless 회의 등을 적극적으로 추진하고 있는데, ESG는 환경Environment, 사회Social, 지배구조Governance를 뜻하는 말로 지속 가능한 성장을 위한 핵심 가치로 제시되고 있으며, 이를 위해 페이퍼리스 오피스와 같은 종이 없는 사무 업무 환경을 실험하고 있다.

이에 따라 지방자치단체에서는 보고회 또는 위원회 등과 같은 각종 회의 시 종이 문서 대신 테블릿Tablet PC에 문서를 담아 사용할 것을 권고하고 있으며 이를 위해 다수의 테블릿 PC를 보유하고 대여함으로써 각종 회의가 끝난 후 쓰레기로 전락하는 무분별한 종이 보고서 출력을 지양止揚하고 있다.

이와 같은 최근의 추세는 '1페이지 보고서'가 더 필요한 사유를 더욱 공고히 해준다고 할 수 있는데, 이는 1페이지 이상의 보고서는 태블릿 화면을 이리저리 넘겨야 하는 수고로움을 동반하여 보고서 핵심 사항을 집중력 있게 확인하는 데 더 큰 어려움이 뒤따르기 때문이다.

4.2 상사를 이해시키는 참고자료

한 장의 보고서가 모두를 만족시킬 수는 없다. 검토자와 최종 결재권자가 나와 같은 배경지식을 가지고 있다고 장담할 수는 없기 때문이다. 설사 그렇다고 하더라도 보고서 내용과 표현상의 질문 그리고 그에 따른 적절한 답변은 피할 수 없는 피드백feedback의 과정이라고 할 수 있다.

이런 경우에는 한 장의 보고서와 별개로 '참고자료', '붙임 문서', '첨부문서' 등의 형태로 별도 보충 설명자료를 만들어야 하는데, 통상 현장에서는 이를 두고 '백back – 자료'를 만든다고 표현한다.

'백 – 자료'는 '백 – 데이터'라고도 부르는데, 보고서의 설득 근거를 탄탄하게 해줄 수 있는 역할을 한다. 그렇다고 해서 보고서 본 내용과 조금의 유사성이 있는 모든 자료를 참고자료에 싣는 것은 비효율적이며 오히려 사족蛇足에 따른 질문을 받고 답변하지 못하는 진땀을 빼야 하는 처지에 직면할 수도 있다.

따라서 본 보고서의 논리와 설득력을 고도화시킬 수 있는 참고자료는 보고서 본 내용과 직접적으로 관련 있는 것을 중심으로 검토자와 최종 결재권자가 궁금해 할 만한 것으로, 예상 질문의 범위 내의 것이라고 판단되는 내용을 가장 최근의 구체적 데이터로 조직화해야 할 필요가 있다. 통상 보고자 스스로 보고하고자 하는 사업의 궁금한 사항을 Q&A로 꼽아보면 참고자료의 폭과 범위를 어느 정도 조절할 수 있을 것이다.

가령 '제3장 실전은 선택의 문제'에서 예로 들었던 '... 저소득 홀몸노인 식사 배달 사업추진 계획'의 경우라면, 1페이지 보고서에 제목, 검토 배경에 뒤이어 사업개요, 추진전략, 세부 추진계획, 행정 사항 또는 향후 계획이 조직화 되어 있을 것인데, 이와 관련된 참고자료를 만든다면 우선 전년도 추진 결과를 정리해 볼 수 있을 것이다.

또한 전년도 사업 성과에 대비하여 올해는 얼마만큼의 사업 신장을 반영했는지 등을 설명할 수 있을 것이며, 식사 배달 수행기관의 상세 현황과 지원체계 그리고 식단을 어떻게 공유하는지 등과 급식 지원 수행기관의 안전관리 및 급식대상자 관리 방안 등을 상세히 수치화할 수도 있을 것이다.

결국 보고서의 참고자료는 본 보고서와 긴밀하고 밀접한 연결 고리를 가지고 있어야 하며 본 보고서의 가장 핵심적인 전달 목적에서 벗어나지 않는 범위 내에서 검토자와 결재권자의 이해를 돕는 역할에 충실해야 할 것이다.

만약 '... 저소득 홀몸노인 식사 배달 사업추진 계획'의 소요 예산의 참고자료로 도비 10%와 시비 90%의 구성비의 원인을 언급하며 지방자치단체의 자주재원 마련의 어려움과 각 지방자치단체의 재정자립도 현황을 언급한다면 홀몸노인의 결식을 막고자 계획된 보고서는 사업 승인 결정을 장담할 수 없으며, 오히려 사업추진을 위해 자체 재원의 부족함을 해결할 기타 재원 마련이나 별도의 재원 동원 방안을 마련해 오라는 어려운 숙제를 받아들고 보고 회의에서 퇴장당하는 상사를 지켜봐야 할 수도 있다.

4.3 사족은 '썰'로 풀자

사족蛇足이라는 단어를 곧이곧대로 풀어쓰면 뱀의 발이라고 할 수 있다. 뱀의 다리가 있을 리 만무하니 굳이 안 해도 될 짓을 쓸데없이 하는 일이라고 할 수 있는데, 보고서에서도 마찬가지인 경우가 있다.

보고서에서 사족으로 취급될 만한 사항으로는 개인이 생각하는 단순한 의견을 기재하거나 사실관계가 확인되지 않은 정보, 종합적이고 공식적인 의견이 아닌 일방의 기관이나 단체의 편향된 주장 등을 여과 없이 보고서에 싣는 행위라고 할 수 있다.

이는 앞서 '1.1.3. 미디어 리터러시를 가지고 배경지식을 쌓자'에서 언급한 내용과 그 맥을 같이하는 것으로 볼 수 있는데, 필자가 꼽는 가장 경계해야 하는 타입type으로는 '뇌피셜 보고서'라고 할 수 있다.

'뇌피셜headcanon 보고서'는 객관적인 근거가 없거나 근거가 미약한 정보를 추측이나 짐작만으로 정보를 제공하고 의견을 게시하는 것으로, 마치 나의 주관적 생각을 객관적 사실처럼 포장하여 보고서에 담아내는 것을 말한다고 할 수 있다.

공무원의 보고서는 공적official 기록이라고 할 수 있다. 엄밀히 말하면 사회적으로 보편성 내지는 객관성 확보를 위한 방안이며 단계나 과정을 통한 절차에 따라 타당성과 정당성 확보를 위한 담보의 도구라고도 할 수 있다.

객관적 사실로 확인되거나 검증되지 않은 주관적 정보 등을 마치 사실인 것처럼 자기 임의대로 해석하는 '뇌피셜 보고서'를 작성하게 되면 크게는 보고서의 객관성과 신뢰성을 의심받게 되어 정책 결정과 실행을 장담할 수 없게 되며 작게는 유형과 무형의 책임을 져야 하는 상황이 발생할 수도 있다.

그렇다고 이런 사족의 정보나 의견 등이 모두 다 가치가 없다거나 불필요한 것이라고 폄훼貶毁하는 것은 아니다. 사업계획을 수립하고 보고하는 일련의 과정에서 지역사회 주민들의 사고나 생각 또는 의견 등을 통해 지역사회의 분위기를 파악하여 정책 결정 전에 지역사회 여론을 확인하거나 사업 시행의 타이밍을 가늠하기도 하기 때문이다.

그럼 이와 같은 사족은 어떻게 전달할 것인가. 이런 경우 통상 '썰'로 풀어내는 경우가 가장 자연스럽다. '썰'은 말을 뜻하는 설說이라는 한자에서 유래된 단어로 '이야기'를 뜻하고 있어, 보고서를 보고하는 자리의 말미末尾에서 구두spoken로 언급할 수도 있을 것이며 이동하는 차 안에서나 또는 커피 한잔의 대화 자리에서 자연스럽게 이야기를 통한 동향 보고를 통해 풀어내면 될 것이다.

지방자치단체의 보고서는 국가적으로나 사회적으로 공식적인 의사를 공식적인 통로로 표현하는 수단이라고 할 수 있다. 이와 같은 공식적인 의사 표현이 행하여지는 곳에서 굳이 사족을 기재하여 분쟁을 만들거나 문제해결에 앞서 문제를 더 복잡하게 만들 필요는 없다.

따라서 사족은 '썰'로 풀어내는 유연함과 현명함을 가질 필요가 있다. 다만 '썰'은 어떤 사안에 관하여 보고자의 생각이나 의견을 자유롭게 이야기할 수는 있으나 공식적인 의견이나 견해는 될 수 없음을 명심해야 할 것이다.

목적에 따른 보고서 유형(예)

CHAPTER 05

로버트 해비거스트(Robert J. Havighurst)는
'발달과업'이라는 개념을 처음 제시하였다
인간은 발달 단계마다 성취해야 할 과업이 존재하는데
그 과업의 성공과 실패에 따라
처한 환경에 적응과 부적응하게 된다고 하였다
• • •
이제부터는 부단한 연습과 노력만이 살길이다

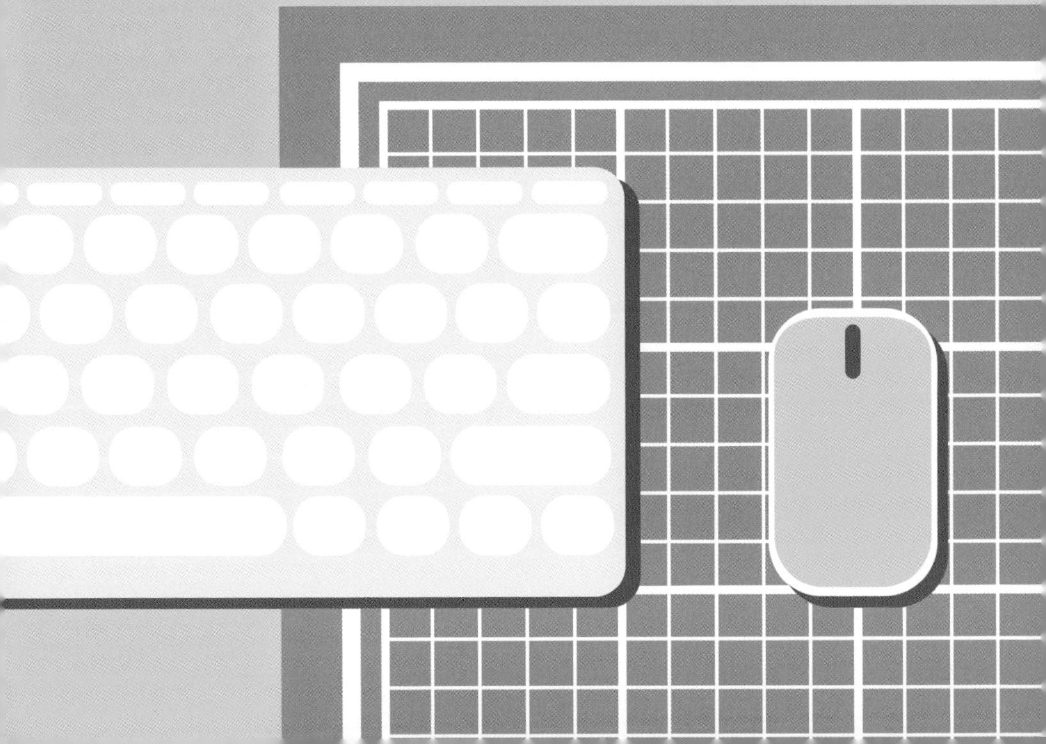

5.1 ○○지원사업 추진계획 보고

.... ○○○○ ○○○○ 지원사업 추진계획(안)

... ○○법 제○조 및 ○○조례 제○조에 따라... ○○ ○○ 도모하고자...

□ 사업개요

❍ 지원대상 : 20○○. ○. 이전부터 ○○시에 주소를 둔 ○○

❍ 지원내용 : ○○○ ○○○ 일부 지원

- ○○○ ○○ 수강료, ○○○ 교재비 등 ○○비용 일부 지원,

❍ 지원방법 : 온라인 신청

❍ 소요예산 : ○○○ 천원 (도비 00%, 시비 00%)

□ 추진계획

❍ 사업기간 : 20○○. ○. ~ 사업예산 소진 시까지

❍ 신청대상 : 20○○. ○. 이전부터 ○○시에 주소를 둔 ○○○○ 중인 ○○

(※ 단, 단순 ○○○○의 경우는 지원 불가)

❍ 신청방법 : 온라인 신청 (보조금24)

❍ 지원금액 : ○○비용의 ○○% (※ 1인당 연 최대 ○○만원) ← '사후지원'

- (지원내용) ○○○ ○○ 수강료 및 이와 관련한 ○○○ 교재비 등
- (지원불가) ○○○ 학습과 관련 없는 단순 ○○학습 등

❍ 지원절차

○○○ ○○ 수강	⇨	정부24 〉 보조금24	⇨	비용지원
○○ 관련 수강료 납부 및 학습		온라인 지원 신청 (○○ ○○자료 첨부)		○○이체

□ 향후계획

❍ 20○○. ○. ~ ○. : ○○○○ 지원사업홍보

❍ 20○○. ○. ~ ○. : 지원 ○○·○○ 및 ○○ 적정성 ○○ 검토

❍ 20○○. ○. ~ ○. : ○○지원 (※ ○○이체) 및 ○○ 보고

□ 행정사항

❍ (○○과) '보조금24' 온라인 ○○ ○○ 마련을 위한 '○○○○○' 협조 요청

❍ (○○과) 홈페이지, 블로그 등 ○○○ 홍보 협조

5.2 ○○○사업 추진계획 보고

- ...○○○ ○○○... -

.... ○○○○ ○○○ ○○○ 사업추진 계획

..... ○○복지 사각지대 선제적 대응으로 .... ○○○사업을 추진하고자 함.

□ 사업개요

❍ 사업기간 : 20○○. ○. ○. ~ ○. ○. (※ ○개월)

❍ 사업대상 : ○○○계층 ○○ 가구 중(만 ○○세 이상) ○○필요 가구

❍ 사업내용 : ○○ 서비스(○종) ○○지원

- ○○○○ 서비스, ○○○○ 서비스, ○○○○ 서비스

❍ 사업방법 : ○○복지관 주 ○회 방문 서비스 지원

❍ 소요예산 : ○○○ 천원 (시비 100%)

□ 추진전략

❍ (○○○계층 집중발굴 · 지원) ○○○빈곤 ○○지대 최우선 보호

- ○○○○○○○, ○○○○, ○○○○, ○○○○○ 등 집중발굴 지원

□ 추진계획

신청·접수·의뢰	⇨	서비스 지원	⇨	사후관리
읍면동 ○○지원과		○○복지관 ○○ 서비스 모니터링 관리		市 ○○과 사업 결과 보고 등

❍ (신청·접수/선정·의뢰) ... ○○○○ ...

❍ (집중지원 서비스 ○종)

- ○○○○ 서비스 :
- ○○○○ 서비스 :
- ○○○○ 서비스 :

□ 향후계획

❍ 20○○. ○. ○. : ○○복지관, 읍면동 ○○지원과, ○ 담당자 ○○ 간담회

❍ 20○○. ○. ~ ○. : ○○홍보 및 ○○○ 발굴, 신청·접수·의뢰 등

❍ 20○○. ○. ~ ○. : ○○○ 서비스 지원 및 ○○ ○○ 모니터링 관리

❍ 20○○. ○. ~ ○. : 사업 결과 보고

- …○○○ ○○○… -

…. ○○○○ ○○○ ○○○ 운영 계획 보고

…..○○참여행정을 통해…. ○○이 ○○을 돕는 선진 ○○ 양성을 위함

□ 운영개요

❍ 운영대상 : ○○ 각 분야에서 일하다 ○○한 ○○

❍ 주요활동 : ○○ ○○의 ○○ 참여 기회 창출

- ○○ 강사, ○○ 상담, ○○ 컨설팅, ○○ 도우미 활동 등 시민○○ 행정 활동

❍ 운영방법 : 연중 상시 ○○모집으로 ○분야 ○○○명 모집·구성·활동

❍ 운영예산 : 비예산

□ 세부 운영계획

❍ (모집방법) ○○청 ○○과 ○○팀 방문 상담·신청

❍ (활동○○) ○○○, ○○복지관, ○○요양원 등 ○○곳

- ○○ ○○ 분야 : ○○○ 교육, ○○○ 지도 등 전문 ○○ 전개
- ○○ ○○ 분야 : ○○○ 문화, ○○○ 예술 등 ○○ 활동 지원
- ○○ ○○ 분야 : ○○○ 체육, ○○○ 지원 등 ○○○ 활동 지원

❍ (자립형 운영) ○○단 구성 후 자발적 ○○○회 발굴 및 ○○ 운영

- (가칭) '○○○ ○○○' 후원회 발족으로 활동 ○○○ 조성

❍ (추진일정)

20○○. ○.		20○○. ○.		20○○. ○○.		20○○. ○○.
그룹별(○개) 간담회	⇨	○○활동 기본교육	⇨	○○활동 시작	⇨	○○활동 평가 (피드백)

□ 기대효과

❍ (○○ 자아 인식 변화 동력 제공) ○○수혜자에서 ○○제공자로 역할 변화

❍ (자기 주도 생산적 ○○문화 선도) 사회공헌 활동 참여로 성취감 고조

□ 향후계획

❍ 20○○. ○. : ○○○ 모집 홍보 및 신청·접수

❍ 20○○. ○. ~ ○. : ○○○단 수요처(○○시설, ○○기관 등) 지속 발굴

- ...○○○ ○○○... -

.... ○○○○ ○○○○ 건립 추진계획

... ○○○ 복지관 건립으로... ○○○ ○○○ 복지 수요에 대응하고자 함.

□ **사업개요**

❍ 사업기간 : 20○○. ○. ~ 20○○. ○,

❍ 건립부지 : ○○동 ○○○ 일원

❍ 사 업 량 : ○○복지관 1개동 (지하 ○층 / 지상 ○층)

- (건축면적) ○○○㎡ / (연면적) ○,○○○㎡

❍ 총사업비 : ○○○억 원 (도비 ○○, 시비 ○○, 특별교부금 ○○)

□ **세부 추진계획**

❍ (배치계획)

구분	내역	면적
지상 ○층	○○○, ○○○, ○○○ 등	○○○㎡
지상 ○층	○○○, ○○○, ○○○ 등	○○○㎡
지층	전기실, 기계실. 문서고, ○○○ 등	○○○㎡

❍ (재원 조달 계획) (단위: ○○원)

구분	계	20○○년	20○○년	20○○년	20○○년	20○○년 이후
계	○○○	○○○	○○○	○○○	○○○	
도비	○○○		○○○		○○○	
시비	○○○	○○○		○○○	○○○	

❍ (연도별 추진 내용)

- (20○○년) ○○ ○○ 매입 → (20○○년) ○○심사 → (20○○년) ○○입찰 및 착공 → (20○○년) ○○ 준공 → (20○○년) 개관 및 운영

□ **그 간 추진사항**

❍ 20○○. ○. : ○○○ ○○○ 의회 승인

❍ 20○○. ○. : ○○ ○○, ○○ ○○ 완료

□ **향후 추진계획**

❍ 20○○. ○. : ○○ ○○○ 착공

❍ 20○○. ○. : ○○ ○○○ 준공

5.5 ○○○ 쟁점 사항 검토보고

- …○○○ ○○○… -

…. ○○○ ○○○ ○○ 위한 ○○○ 건립 방안 검토보고

….. ○○○○편의 제공 및 …. ○○○ 향상을 위한 ○○○○하고자 함.

□ 사업개요

❍ 사업부지 : ○○ ○○ 회관 내 유휴지 (※ ○○동 ○○번지)

❍ 사업내용 : ○○○ ○○○ 센터 설치·개소 (지상 ○층)

- (건축면적) ○○○㎡ / (연면적) ○○○㎡

❍ 사업방법 : ○○재산 활용으로 ○○비용 최소화 지향

- (민관의견수렴) ○○재산 유휴지 ○○ 신축 또는 기존 건축물 증축 ○○○ 고려

❍ 사업기간 : 20○○. ○. ~ ○. (○개월)

❍ 소요예산 : ○○○ 천원 (시비 100%)

□ 쟁점사항

❍ (○○○ ○○○) ○○○ ○○○…

(1안) 별동 신축		(2안) 연계 증축
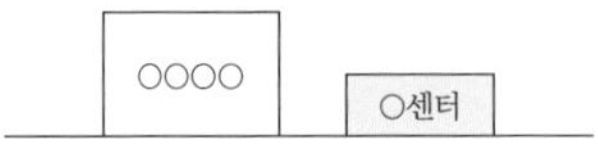 	VS	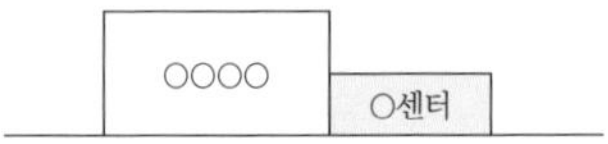
· (장점) ○○○, ○○○ · (단점) ○○○, ○○○		· (장점) ○○○, ○○○ · (단점) ○○○, ○○○

□ 주관부서 의견

❍ …. ○○○ ○○○ ….

❍ …. ○○○ ○○○ …. ○○에 따른 ○○ ○○ 건축으로 ○○○○… 판단 됨.

□ 향후계획

❍ 20○○. ○. ○. : …. ○○○ ○○○ ….

5.6 ○○○ 행사계획 보고

.... ○○○○ ○○○○ 기념행사 계획

... ○○○○ ○○... 기념하고, ○○○○ ○○... ○○과 ○○을 높이고자 함.

□ 행사개요

❍ 일 시 : 20○○. ○. ○.(금) 00:00 ~ 00:00

❍ 장 소 : ○○○○

❍ 참석인원 : ○,○○○명 내외 (※ ○○, ○○○, ○○ 등)

- (주요내빈) ○○○○, ○○○○, ○○○○, ○○○○○○○○ 등

❍ 주 제 : "○○○ ○○ ○○ ○○○○○ ○○○○○○"

❍ 주요내용

- (10:00 ~ 10:05) ○○ 축하공연
- (10:05 ~ 11:00) 기념식 – ○○○○, ○○○○, ○○○○, ○○ 및 ○○ 등
- (11:00 ~ 11:00) 폐회○○ 및 ○○○ 배부

❍ 소요예산 : ○○○ 천원 (시비 100%)

❍ 주 최 : ○○○시

❍ 주 관 : ○○○○ ○○○○

□ 세부 추진계획

시간		소요(분)	내용	비고
부터	까지			
00:00	00:05	5	· ○○ 축하공연	· 가수 ○○○, ○○○
00:05	00:00	10	· ○○소개	· ○○, ○○, ○○○○, ○○○ 등 ☞ 멀티비전(화면) 대체
		5	· ○○○○언, 국민의례	· 사회자 (MC : ○○○)
		10	· ○○○ ○○○○ ○○	· ○○, ○○, ○○, ○○
		30	· ○○ 및 ○○	· ○○(1명), ○○(8명), ○○(6명)
00:00	00:30	30	· 폐회 선언 및 기념품 배부	· ○○ 배부 (○,○○○개 준비

5.7 ○○○ 보고회 개최계획 보고

- …○○○ ○○○… -

…. ○○○ ○○○ ○○○ 보고회 개최계획

…○○○ ○○…에 따라 ○○○위원회 회의… ○○○ 개최하는 사항임.

□ 보고개요

❍ 일　　시 : 20○○. ○. ○.(목) 00:00 ~ 00:00

❍ 장　　소 : ○○○(○층) 회의실

❍ 참 석 자 : 총 ○○명

- ○○(○명) ○○○○, ○○○○, ○○○○, ○○○○, ○○○○
- ○○(○명) ○○○○, ○○○○, ○○○○, ○○○○, ○○○○

❍ 보 고 자 : ○○○○○○

❍ 주요내용

- ○○○ ○○○ 안건 상정 및 ○○○ ○○○ 중간 보고
- ○○○ ○○○ 질의응답, ○○○ 의견수렴 등

□ 진행순서

시간 계획	소요 시간 (분)	주요 내용	비고
00:00 ~ 00:05	5분	· ○○○ 소개 및 ○○설명	사회자
00:05 ~ 00:10	5분	· ○○○ ○○ 상정	○○
00:10 ~ 00:30	20분	· ○○○ 보고	○○○ 연구원
00:30 ~ 00:50	20분	· ○○ 토의 및 ○○ 제시	참석자
00:50 ~ 00:55	5분	· ○○○ 말씀	○○
00:55 ~ 00:00	5분	· 폐회	사회자

□ 향후계획

❍ 20○○. ○. : ○○○ ○○○ 결과 보고서 제출

❍ 20○○. ○. : ○○○ ○○○ ○○ 수립, 시행 심의

5.8 ○○○ 회의 결과 보고

- …○○○ ○○○… -

…. ○○○ ○○○ ○○○ 회의 결과 보고

…○○○ ○○…에 따라 ○○○ 회의를 개최하고 그 결과를 보고함.

□ 개최개요

❍ 일　　시 : 20○○. ○. ○.(수) 00:00 ~ 00:00

❍ 장　　소 : ○○ 회의실 (○층)

❍ 참 석 자 : 총 ○○명

- ○○(○명) ○○○○, ○○○○, ○○○○, ○○○○, ○○○○
- ○○(○명) ○○○○, ○○○○, ○○○○, ○○○○, ○○○○

❍ 주요내용

- ○○○ ○○○ 방향 및 내용 ○○○ 추진 전략 및 정책 의견수렴

□ 주요의견

자문 의견	관련분야	주요내용
○○○ 위원	○○ ○○	· ○○○ ○○○ ○○○ ….
○○○ 위원	○○ ○○	· ○○○ ○○○ ○○○ ….
○○○ 위원	○○ ○○	· ○○○ ○○○ ○○○ ….
○○○ 위원	○○ ○○	· ○○○ ○○○ ○○○ ….
○○○ 위원	○○ ○○	· ○○○ ○○○ ○○○ ….
○○○ 위원	○○ ○○	· ○○○ ○○○ ○○○ ….

□ 향후계획

❍ 20○○. ○. : ○○○ ○○○ 진행

□ 행정사항

❍ ○○○ ○○ 지급 : ○○○천원

5.9 ○○○ 워크숍 개최 계획보고

- …○○○ ○○○… -

…. ○○○ ○○○ ○○○ 워크숍 추진계획

…. ○○○○ 서비스 전달○○ 연계와 협력 ○○ 위한 워크숍 개최 ….

□ 사업개요

❍ 기　　간 : 20○○. ○. ○.(목) ~ ○.(금). ○박 ○일(합숙)

❍ 장　　소 : ○○○○

❍ 참석대상 : ○○○명

- (○○시설 종사자) ○○개소 ○○명 (○○, ○○, ○○○ 시설 등)
- (○○○청 지원) ○○○○국장 등 ○○명 (○○○과, ○○○과, ○○○○과 등)

❍ 주요내용

- (○○○○ 협력방안 ○○) ○○ ○○ 등 ○○○○ 향상 방안 ○○
- (○○ ○○ ○○발표) ○○, ○○ 시설, 기관 ○○ ○○ 공유
- (○○○○ 특강) ○○○○ 서비스 ○○○○ 향상 ○○

❍ 소요예산 : ○○,○○○ 천원 (시비 100%)

□ 세부 추진일정

구분	시간		일정	비고
	부터	까지		
1일 차	00:00	00:00	· 출발	○○집합
	00:00	00:00	· 중식	○○식당
	00:00	00:00	· ○○배정 및 ○○안내	교육장
	00:00	00:00	· ○○○○ 협력방안 ○○	○○○
	00:00	00:00	· ○○ ○○ ○○ 발표	○○○
	00:00	00:00	· 석식	○○○
	00:00	00:00	· 화합의 시간	○○○
2일 차	00:00	00:00	· 조식	○○○
	00:00	00:00	· ○○○○ 특강 (강사 : ○○○)	○○○
	00:00	00:00	· 중식	○○식당
	00:00	00:00	· ○○○○ 탐방	○○○○
	00:00	00:00	· 귀가 및 해산	○○해산

□ 행정사항

❍ 20○○. ○. ○. : ○○○ 운영 ○○계약 체결 (업체명 : ○○○○)

❍ 20○○. ○. ○. : ○○ 종료 후 ○○○ 조사

5.10 ○○○ 메모보고

20○○. ○. ○.(월). ○○동 ○○팀(☎○○○○)

.... ○○○○ ○○○○ ◎◎빌라 화재 발생 보고

□ **개요**

- 일시 : 20○○. ○. ○.(○). 00:00
- 장소 : ○○○ ○○○
- 사고내용 : ○○빌라 ○○○호 전소

□ **피해상황**

- 화재원인 : ○○○○ 과열
- 인명피해 : 2인 노인 부부가구

성명	생년월일	특이사항	인명피해	사회보장현황
○○○	19○○.○.○.(남)	○○장애	○○○○ 입원 중	○○○○○○ 보장 중
○○○	19○○.○.○.(여)	○○장애	○○	

- 재산피해 : ○○ ○
- 출동현황
  - (인원) ○○명 (소방 ○○, 경찰 ○○, 공무원 ○)
  - (장비) ○○대 (소방 ○○, 경찰 ○○)
- 현재상황 : 진화 완료 (○○:○○)

□ **지원검토(안)**

- ○○복지지원 및 ○○비(○○만원) 지원 검토 (○○지원과)
- ○○시 '시민 ○○ 보험' 지급 검토 (○○안전관)

□ **위치도 및 현장 사진**

- (위치도)
- (현장사진)

참고문헌

단행본 · 보고서

관계부처 합동. (2020). 디지털 · 미디어 소통역량 강화 종합계획(안).

보건복지부. (2024). 국민기초생활보장 사업안내. 세종시: 보건복지부 기초생활보장과.

보건복지부. (2024). 지역사회서비스 투자사업 안내. 세종시: 보건복지부 보건복지상담센터.

보건복지부 사전정보공표. (2023). 보건복지부 홈페이지 이용현황.

신선웅. (2024). 지방자치단체 출연 복지재단이란 무엇인가. 경기도 : 한국학술정보.

신선웅. (2024). "지방자치단체 출연 복지재단 비교연구." 국내석사학위논문 고려대학교 정책대학원.

여성가족부. (2024). 2024년 한부모가족지원사업 안내. 세종시: 여성가족부 가족지원과.

이신우. (2023). 국회입법조사처 올해의 이슈. 서울: 국회입법조사처.

유종해 · 하동석. (2011). 이해하기 쉽게 쓴 행정학 용어 사전. 서울: 새정보미디어.

정소윤·하은희. (2020). [정부디자인 ISSUE] 중기 행정수요를 고려한 정부 기능 및 인력 전망. 서울: 한국행정연구원.

한국리서치. (2023년) 전자정부 서비스 이용실태조사 결과보고서. 세종: 행정안전부.

한국행정연구원. (2022). [정부디자인ISSUE] 중기 행정 수요를 고려한 정부 기능 및 인력 전망.

행정안전부. (2023). 2023년도 지방자치단체 통합재정 개요(상).

행정안전부. (2020). 지방의회 운영 가이드 북. 세종시: 행정안전부.

행정안전부, 한국지능정보사회진흥원. (2023). 2023년 전자정부 서비스 이용실태조사 결과보고서. 세종: 행정안전부. 한국지능정보사회진흥원.

행정안전부. (2020). 행정업무편람.

행정자치부. (2023). 2023년도 지방자치단체 통합재정 개요. 서울: 행정자치부 재정정책과.

Gilbert. Neil, Terrell. Paul. (2005). 사회복지정책론. 서울: 나눔의집.

Gilbert, Neil. Terrell, Paul. (2005). Dimensions of social welfare policy, 6th Edition. Massachusetts: Allyn and Bacon.

법규·법령·조례 등

「국민기초생활 보장법」

「기부금품의 모집·사용 및 기부문화 활성화에 관한 법률」

「기초연금법」

「사회보장급여의 이용·제공 및 수급권자 발굴에 관한 법률」

「사회보장기본법」

「사회보장급여 관련 공통서식에 관한 고시」

「영유아보육법」

「장애인복지법」

「정부조직법」
「지방공무원 복무규정」
「지방공무원 복무에 관한 예규」
「지방공무원법」
「지역신문발전지원 특별법」
「한부모가족지원법」
「행정기본법」
「행정업무의 운영 및 혁신에 관한 규정」
「행정절차법」

기사자료

MBC뉴스. (2014.02.27.). '생활고' 세 모녀 숨진 채 발견… 방값·공과금 남겨. https://imnews.imbc.com/replay/2024/nwdesk/

YTN. (2024.02.26.). 송파 세 모녀 10주기… "복지 사각지대에 비극 반복 여전". https://www.ytn.co.kr/_ln/0103_202402262304263507

경기연합뉴스. (2023.08.17.). 청각장애 독거노인을 위한 보청기 후원 전달. https://www.kgyonhapnews.net/121754

경기일보. (2022.11.27.). 이번엔 '신촌 모녀' 비극. https://www.kyeonggi.com/article/20221127580165

대한민국 정책브리핑. (2019.05.28.). 미디어 리터러시 교육이 필요한 이유. 교육부.
https://www.korea.kr/news/top50View.do?newsId=148861189

동아일보. (2022.08.23.). '수원 세 모녀' 엄마는 암, 두 딸은 난치병… "살기 힘들다" 9장 유서, 아무도 몰랐다.
https://www.donga.com/news/article/all/20220822/115093845/1

보건복지부TV. (2023.05.22.). 안고독한 고독 영상, 5060 신중년을 대표하는 최고립을 위하여.
https://www.youtube.com/watch?v=m_65uIeIKqA
복지타임즈. (2006.09.22). 사회복지직 공무원 “승진기회서 차별”.
https://www.bokjitimes.com/news/articleView.html?idxno=3045
시사뉴스24. (2022.01.17.). 신년 기자회견 “내부역량 제고... 전문성 강화”.
https://www.sisanews24.co.kr/7349
이데일리. (2023.05.12.). 송파구 빌라서 60대 여성 숨진 채 발견... 고독사 추정.
https://www.edaily.co.kr/news/read?newsId=01193926635608264&mediaCodeNo=257&OutLnkChk=Y
인천일보. (2023.03.29.) ‘허들’ 높아진 공공기관 설립... 포기·보류 경기 지자체 속출.
https://www.incheonilbo.com/news/articleView.html?idxno=1187701
천안아산신문. (2022.11.01.). 우리 지역의 문제는 우리가 해결한다.
https://www.canews.kr/news/articleView.html?idxno=5892
파이낸셜 뉴스. (2018.01.18.). [지방자치단체장의 신년 구상] ... 도민 자긍심 되찾아줄 것.
https://www.fnnews.com/news/201801181758108461
한국일보. (2023.06.08). 공무원 인기 시들? ... ‘고향서 살으리랏다’ 지방직 경쟁률은 여전.
https://m.hankookilbo.com/News/Read/A2023060716020002440?rPrev=A2023102517070000595

웹사이트

e나라도움. https://www.bojo.go.kr
교육부. https://www.moe.go.kr
국립국어원 표준국어대사전. https://stdict.korean.go.kr

국회입법조사처. https://www.nars.go.kr
남양주시의회 의회 용어사전. https://www.nyjc.go.kr
네이버 어학사전. https://dict.naver.com
네이버 지식백과. https://terms.naver.com
대한민국 정책브리핑. https://www.korea.kr
보건복지부. https://www.mohw.go.kr
보건복지부 TV. https://www.youtube.com/@mohw_kr
보조금24. https://www.gov.kr/portal/rcvfvrSvc/main/nonLogin
보탬e. https://www.losims.go.kr
복지로. https://www.bokjiro.go.kr
전국지역신문협회. http://www.anln.org
정부24. https://www.gov.kr/portal/main/nologin
지방재정 365(지방재정통합공개시스템). https://www.lofin365.go.kr
한국지능정보사회진흥원. https://www.nia.or.kr
한국지방신문협회. http://www.lpk.kr
한국행정연구원. https://www.kipa.re.kr
행정안전부. https://www.mois.go.kr

부록
APPENDIX

사회복지행정 현장 실무용어 해설

Winning Welfare
depends on
Sharing and Union

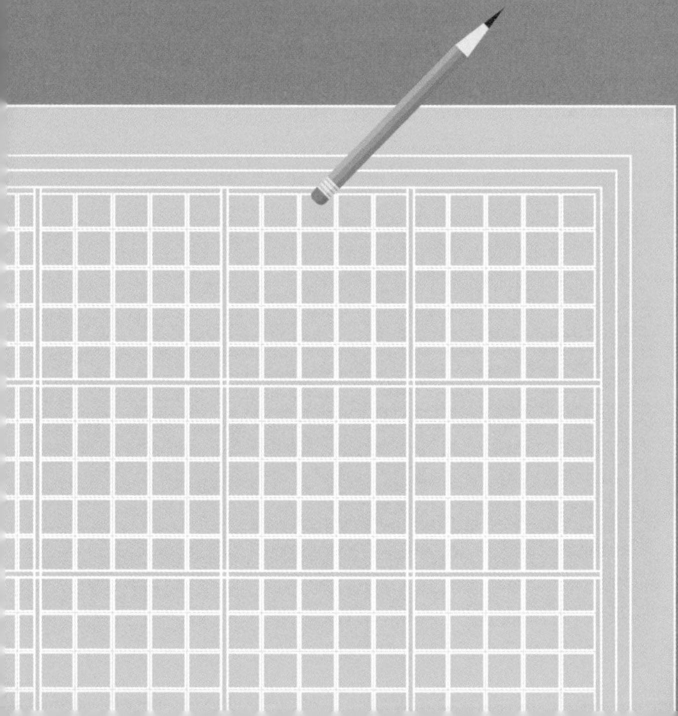

1. 사회보장

① 사회보장

출산·양육·실업·노령·장애·질병·빈곤 및 사망 등의 사회적 위험으로부터 모든 국민을 보호하고 국민 삶의 질을 향상시키는 데 필요한 소득·서비스를 보장하는 사회보험, 공공부조, 사회서비스

② 사회보장급여

사회보장기관이 제공하는 현금, 현물, 서비스 및 그 이용권 등

③ 수급권자

사회보장급여를 제공받을 권리를 가진 사람

④ 수급자

사회보장급여를 받고있는 사람

⑤ 조건부수급자

근로 능력 있는 수급자 중 자활사업에 참가할 것을 조건으로 생계비를 지급받는 수급자

⑥ 지원대상자

사회보장급여를 필요로 하는 사람

⑦ 보장기관

사회보장급여를 법령에 따라 제공하는 국가 또는 지방자치단체

⑧ 부양의무자

수급권자를 부양할 책임이 있는 사람으로서 수급권자의 1촌의 직계혈족 및 그 배우자가 해당되며, 의료급여에는 적용되나, 생계급여, 주거급여, 교육급여에는 적용되지 않음.

※ 1촌의 직계혈족 및 그 배우자 = 나를 기준으로 '부, 모, 아들, 딸, 며느리, 사위'

※ 단, 부양의무자의 연 소득 1억 원(월 소득 834만 원) 또는 일반재산 9억 원을 초과하는 경우 생계급여 대상에서 제외(2024년 기준).

⑨ 개별가구

수급자 또는 수급권자로 구성된 가구로 급여를 받거나 급여 제공을

위한 조사를 받는 기본단위

⑩ 소득인정액

개별가구의 소득평가액과 재산의 소득환산액을 합산한 금액으로 보장기관이 급여의 결정 및 실시 등에 사용

· (소득평가액) 실제소득 - 가구특성별 지출비용 - 근로소득공제
· (재산의 소득환산액) [재산－기본재산액－부채]×소득환산율

⑪ 생계급여수급자

생계·의료·주거·교육급여를 모두 받는 수급자, 생계·의료급여를 받는 수급자, 생계·주거급여를 받는 수급자 등 생계급여를 받는 수급자를 통칭

⑫ 의료급여수급자

의료·주거·교육급여를 모두 받는 수급자, 의료·주거 급여를 받는 수급자, 의료·교육급여를 받는 수급자를 통칭

⑬ 주거급여수급자

주거·교육급여를 모두 받는 수급자, 주거만 받는 수급자를 통칭

⑭ 교육급여수급자

교육급여를 받는 학생 개인

※ 학비를 직접 지급 받지 않는 학생의 부모는 동일보장가구로 조사대상에 포함되나, 보장 결정에는 보장 가구에서 제외되며 교육급여 수급자는 아님

⑮ 차상위계층

기초생활수급자 상위의 빈곤층으로 가구의 소득인정액이 기준 중위소득의 50% 이하인 가구로 통상 잠재적 빈곤층으로 불림

⑯ 한부모가족

모자가족 또는 부자가족을 말하며, 통상 배우자와 사별 또는 이혼하거나 배우자로부터 유기된 자, 정신이나 신체의 장애로 장기간 노동능력을 상실한 배우자를 가진 자, 교정시설·치료감호시설에 입소한 배우자 또는 병역복무 중인 배우자를 가진 자, 미혼자, 배우자의 생사가 분명하지 아니한 자, 배우자 또는 배우자 가족과의 불화 등으로 인하여 가출한 자 등의 사유로 홀로된 모 또는 부와 18세 미만의 자녀(취학 시 22세 미만)로 구성된 가족

⑰ 모자가족

모(母)가 세대주(세대주가 아니더라도 세대원을 사실상 부양하는 자를 포함)인 가족

⑱ 부자가족

부(父)가 세대주(세대주가 아니더라도 세대원을 사실상 부양하는 자를 포함)인 가족

⑲ 조손가족

이혼, 유기, 행방불명, 실종, 사망, 경제적 사유 등으로 부모로부터 사실상 부양을 받지 못하는 아동을 (외)조부 또는 (외)조모가 양육하는 가족

⑳ 청소년 한부모가족

한부모가족으로서, 모(母) 또는 부(父)의 연령이 24세 이하인 가족

㉑ 아동

18세 미만인 사람

※ 취학 중인 경우에는 22세 미만을 말하되, '병역법'에 따른 병역의무를 이행하고 취학 중인 경우에는 병역의무를 이행한 기간을 가산한 연령 미만을 말함

㉒ 영유아

7세 이하의 취학 전 아동

㉓ 보육

영유아를 건강하고 안전하게 보호 양육하고 영유아의 발달 특성에 맞는 교육을 제공하는 어린이집 및 가정양육 지원에 관한 사회복지서비스를 말함.

㉔ 지역사회서비스 투자사업

소득보장중심 사회보장으로 해결하기 어려운 보육, 신체정신건강, 직업능력개발 등을 사회서비스를 통해 보장하는 제도

㉕ 압류방지통장

지급된 사회보장급여는 압류할 수 없도록 한 통장

※ 수급자가 금융기관에 방문하여, 수급자 여부 확인 가능한 서류(수급자 증명서 등)를 제출하면 개설할 수 있음

㉖ 지역사회보장협의체

사회보장 증진을 위하여 사회보장과 관련된 서비스를 제공하는 관계기관, 법인, 단체, 시설과 연계·협력을 강화하기 위한 협의체

㉗ 사회보장정보시스템(행복e음)

국가와 지방자치단체가 지원하는 다양한 사회복지급여 서비스의 대상자와 지원 내역 등을 통합 관리하는 복지업무 처리 지원 시스템으로,

사회복지공무원이 복지급여의 상담 신청 및 조사 결정, 급여 지급 및 사후관리 등 복지사업 전반에 대한 업무를 처리하는 곳

㉘ 통합조사표

복지대상자의 급여신청이 있는 경우 급여의 결정 및 실시 등에 필요한 소득·재산·부양의무자의 부양 능력, 가구 특성 등을 조사하고 기록한 조사표로 '행복e음'을 통해 조사 기록

㉙ 통합관리카드

복지대상자의 급여신청에 의한 조사 결과와 급여 지원의 결정 내용 및 수급품의 지급현황 등을 기록 관리하는 것으로, 통상 '행복e음'을 통해 기록되고 관리

㉚ 상계 처리

서로 대립하는 채무와 채권을 같은 액수만큼 서로 소멸시키는 것

※ 가령 기초연금 대상자에게 기초연금이 잘못 지급된 경우, 관련 법령에 따라 잘못 지급된 기초연금액을 환수하여야 하는데, 만약 기초연금 환수 대상자에게 지급할 기초연금액이 있는 경우 그 지급할 기초연금액을 환수금과 상계할 수 있으며, 통상 당사자의 동의를 구함

㉛ 소급 적용

과거의 기간까지 거슬러 올라가서 효력이 미치게 하는 것

※ 예를 들어 사회보장급여를 1월에 신청한 후 소득·재산조사를 거쳐 3월에 사회보장 급여 대상자로 선정되었다면, 해당 사회보장급여는 신청일 기준인 1월부터 급여 산정을 소급 적용하여 첫 급여를 1월~3월까지의 3개월 치를 소급받게 됨

㉜ 등록장애인

장애인복지법 제2조의 기준에 해당되는 장애인이 특별자치시장, 특별자치도지사, 시장, 군수, 구청장에게 등록을 한 사람

㉝ 부정 수급

속임수나 그 밖의 부정한 방법으로 급여를 받거나 타인으로 하여금 급여를 받게 하는 것

2. 행정사무·예산·회계

① 공문서

행정기관에서 공무상 작성하거나 시행하는 문서와 행정기관이 접수한 모든 문서

※ 문서는 도면, 사진, 디스크, 테이프, 필름, 슬라이드, 전자문서 등의 특수매체기록을 포함함

② 기안

행정기관의 의사를 결정하기 위하여 문서를 작성하는 것

③ 결재

법령의 규정에 따라 문서의 사안에 대하여 기관의 의사를 결정할 권한 있는 자(통상 행정기관의 장)가 그 의사를 결정하는 행위

④ 내부결재

부서 내부에서 검토되어 작성되는 문서로 외부로 나가지 않음

⑤ 결재선

문서의 기안자부터 최종 결재권자까지의 결재 과정을 말하는 것으로 '결재라인'이라고 부르기도 함

⑥ 전결

기관의 장으로부터 업무의 내용에 따라 결재권을 위임받은 자(보조기관, 보좌기관, 업무 담당 공무원)가 행하는 결재로, 위임 전결사항은 당해 기관의 장이 위임 전결 규정 또는 지자체 규칙(사무 전결 처리규칙)으로 정함

⑦ 대결

결재권자가 휴가, 출장 기타의 사유로 결재할 수 없는 때에 그 직무를 대리하는 자가 행하는 결재

⑧ 사송

문서과의 지원을 받아 인편(人便)으로 문서를 발송하는 것

⑨ 행정청

행정에 관한 의사를 결정하여 표시하는 국가 또는 지방자치단체의 기관

⑩ 처분

행정청의 구체적 사실에 관한 법 집행으로서의 공권력 행사

⑪ 청문

행정청이 어떠한 처분을 하기 전에 당사자 등의 의견을 직접 듣고 증거를 조사하는 절차

⑫ 공청회

행정청이 사회적으로 영향이 큰 주요 안건 등을 공개적인 토론을 통하여 어떠한 행정작용에 관련된 당사자, 전문지식과 경험을 가진 사람, 그 밖의 일반인 등으로부터 의견을 널리 수렴하는 절차

⑬ 예산

지방자치단체의 1회계연도의 세입과 세출에 관한 계획서

⑭ 본예산

정기 의회에서 연간예산으로 맨 처음 승인하여 편성한 정기예산

⑮ 추가경정예산

예산 성립(의회 통과) 후에 생긴 사유로 인하여 이미 성립된 본예산에 추가 또는 변경을 가할 필요가 있을 때 편성하는 예산으로 보통 추경이라고 줄여서 부르기도 함.

⑯ 회계연도

예산의 유효기간 또는 운용 기간을 말하는 것으로, 우리나라의 회계연도는 매년 1월 1일에 시작하여 같은 해 12월 31일에 종료됨

⑰ 가 내시

공식적으로 확정하여 알리기 전에 임시로 미리 알려주는 것으로 '사전 통보' 또는 '임시 통보' 등으로 쉬운 우리말로 다듬기도 하였으나 현장에서는 여전히 쓰이고 있음

⑱ 확정 내시

최종적으로 확정된 예산편성 내역을 통보하는 것

⑲ 변경 내시

이미 통보한 예산 내역을 변경하도록 통보하는 것

⑳ 일반회계

재정 활동에 관한 총세입과 총세출을 열거하여 편성한 것으로 지방자치단체의 가장 기본이 되는 회계

㉑ 집행 품의

세출예산의 집행 의사를 결정하는 행위로 예산지출을 확정하는 행위는 아님에 주의

㉒ 지출원인행위

세출예산에 대하여 지출을 확정하는 행위

㉓ 지출

지출의 결정과 지급을 명령하는 행위

㉔ 결산

지방자치단체의 1년간 세입세출의 최종 결과 보고

㉕ 공유재산

지방자치단체의 소유재산

3. 지방의회

① 지방의회

지방자치단체의 의결기관으로 주민에 의해 선출된 의원을 구성원으로 하여 성립하는 합의제기관

② 개회

의회가 집회 되어 활동을 시작하였다는 것

※ 예를 들어, 제○회 ○○○○의회(정기회 또는 임시회) 개최 등과 같이 쓰임

③ 정례회

지방의회는 매년 2회 정례회를 개최함

④ 임시회

필요한 경우에 개회하는 것으로 재적의원 3분의 1 이상의 요구와 지방자치단체장의 요구로 개회

⑤ 상임위원회

심의 사안을 분화하여 각 부문에 의원을 배속시켜 심의하게 하는 위원회

※ 예를 들어, 도시환경위원회, 경제복지위원회 등이 있음

⑥ 본회의

의원 전체가 참여하여 사안을 논의하고 결정하는 회의

※ 모든 의안은 위원회에서 심의한 후 본회의에서 다루게 됨

⑦ 안건

논의하거나 처리하여야 할 모든 대상

⑧ 상정

본회의에 부의된 안건이나 위원회에 올라있는 안건을 심의, 의결하기 위해 회의석상에 내어놓는 구체적인 행위

⑨ 부의

안건을 본회의에서 심의할 수 있는 상태로 놓는 것

⑩ 발의

회의 등에서 의원이 의안을 내놓는 행위

※ 반면, 지방자치단체장이 의안을 내는 것을 '제출', 위원회가 안을 만들어 내는 것은 '제안', 의장이 안을 만들어 내는 것을 '제의'라고 함

⑪ 가결

안건이 통과되었다는 것

⑫ 부결

안건이 통과되지 않았다는 것

⑬ 원안의결

제출한 안건 그대로, 내용 변경 없이 의결되는 것

⑭ 예산결산특별위원회

상임위원회의 예비 심사를 거친 예산안과 결산을 총합 심사하기 위하여 두는 특별위원회

⑮ 계수조정

예산결산특별위원회의 예산안 심사과정에서 예산과목의 계수(計數)를 증감하는 실질적, 최종적인 예산안 심사 단계

⑯ 행정사무감사

지방의회가 해당 지방자치단체의 일반적인 행정사무를 감시하는 활동

⑰ 증인

지방의회가 행정사무감사 등과 같은 때에 일정한 사항에 대답해 달라고 출석을 요구하기 위해 선택한 사람으로 통상 지방자치단체 간부공무원 등이 출석함

4. 복무

① 조퇴

근무 종료시간 이전에 퇴근하는 것

② 외출

근무시간 중 개인 용무를 위하여 근무 장소 외부로 나간 후, 근무 종료 시간 이전에 돌아오는 것

③ 대체 휴무

토요일 또는 공휴일에 근무한 후 그다음 정상 근무일에 휴무하게 하는 것

④ 현업공무원

직무의 성질상 상시근무 체제를 반드시 유지해야 할 필요가 있는 업

무를 수행하는 공무원

⑤ 유연근무제

직무의 성질, 지역 또는 기관의 특수성에 따라 근무시간 또는 근무일을 변경하여 근무하는 것으로 탄력근무제, 재량 근무제, 원격근무제 등이 있음

⑥ 탄력근무제

주 40시간 근무하되, 출·퇴근시각, 근무시간, 근무일을 자율 조정하는 것

⑦ 재량근무제

근무시간, 근무 장소 등에 구애받지 않고 구체적인 업무성과를 토대로 근무한 것으로 간주하는 근무 형태

⑧ 원격근무제

특정한 근무 장소를 정하지 않고 정보통신망을 이용하여 근무하는 것

⑨ 연가

개인 생활의 편의를 위하여 사용하는 휴가

재직기간별 연가 일수

재직기간	연가 일수	재직기간	연가 일수
1개월 이상 1년 미만	11일	4년 이상 5년 미만	17일
1년 이상 2년 미만	12일	5년 이상 6년 미만	20일
2년 이상 3년 미만	14일	6년 이상	21일
3년 이상 4년 미만	15일	-	-

⑩ 병가

질병, 부상 또는 감염병에 걸려 다른 공무원의 건강에 영향을 미칠 우려가 있을 때 부여받는 휴가

※ 연간 누계 6일까지는 진단서의 제출 없이도 병가를 사용할 수 있으나, 7일 이상 연속되는 병가와 병가의 연간 누계가 6일을 초과하게 되는 경우에는 진단서를 제출하여야 함

⑪ 공가

공무원이 일반 국민의 자격으로 국가기관의 업무수행에 협조하거나 법령상 의무의 이행이 필요한 경우에 부여받는 휴가

※ 건강검진, 투표 참가, 동원 훈련 참가 등

⑫ 특별휴가

사회 통념 및 관례상 특별한 사유가 있는 경우 부여받는 휴가

※ 특별한 사유 : 경조사, 출산, 난인치료시술, 보성보호시간, 육아시간, 가족돌봄, 여성보건, 임신검진, 재해구호 등

⑬ 근무성적평정

공무원의 근무실적, 직무 수행 능력, 태도 등을 평가하는 것으로, 정기 평정은 연 2회 실시

신선웅

현재 지방자치단체 사회복지 분야 전문 팀장으로 재직 중이며, 고려대학교 정책대학원에서 행정학 석사 학위를 받았다. 지역사회 복지 현장에서 오랜 경험과 활동을 바탕으로 복지정책과 행정의 성공적 실현은 '공유'와 '연합'에 있다고 믿고 있으며, 주요 저서로는 《지방자치단체 출연 복지재단이란 무엇인가》가 있다.

사회적 이슈가 당신의 업무다

초판발행 2024년 6월 25일

지은이 신선웅
펴낸이 노 현

편 집 전채린
기획/마케팅 이선경
표지디자인 Ben Story
제 작 고철민·조영환

펴낸곳 ㈜ 피와이메이트
서울특별시 금천구 가산디지털2로 53 한라시그마밸리 210호(가산동)
등록 2014. 2. 12. 제2018-000080호
전 화 02)733-6771
f a x 02)736-4818
e-mail pys@pybook.co.kr
homepage www.pybook.co.kr
ISBN 979-11-6519-248-8 13330

정 가 13,000원